»GRABSCHRIFT FÜR KARL LIEBKNECHT // HIER LIEGT / KARL LIEBKNECHT / DER KÄMPFER GEGEN DEN KRIEG / ALS ER ERSCHLAGEN WURDE / STAND UNSERE STADT NOCH.«

BERTOLT BRECHT

INHALT

MUTIGE WORTE
VON
KARL LIEBKNECHT

AUSWAHL UND
ZUSAMMENSTELLUNG:
HANS-JÜRGEN AMMON

neues leben

POLITISCHE PRAXIS UND THEORIE

Der Imperialismus, kann man wohl kurz und bündig sagen, **IST EIN KAPITALISTISCHES GESCHÄFT,** und weil er das ist, empfiehlt es sich, das Wesen des Kampfes gegen den Imperialismus auf eine kaufmännische Formel zu bringen. Die **HISTORISCHE MISSION DES PROLETARIATS GEGENÜBER DEM IMPERIALISMUS** ist, geschäftlich betrachtet, das soziale, politische und auch wirtschaftliche Risiko der kriegerischen Form des internationalen Konkurrenzkampfes **DURCH SEINE KLASSENKAMPFPOLITIK** für die herrschenden Klassen der beteiligten Länder dermaßen zu erhöhen, dass ihnen selbst die friedliche Verständigung in der internationalen Konkurrenz, zum Beispiel im Sinne der Vertrustung, als das geschäftlich Zweckmäßigere erscheint. In dieser Weise das Problem aufgefasst, haben wir nicht die Spur preisgegeben von irgendeinem marxistischen Grundgedanken. Die wichtigste der Tendenzen gegen den Imperialismus ist **DIE VOM PROLETARIAT GETRAGENE DER SOLIDARISIERUNG ALLER VÖLKER**, des Klassenkampfes, den die Arbeiterklasse innerhalb der einzelnen Länder und in der Internationale führt gegen diejenigen Kreise, deren Geschäft der Imperialismus ist. AUF DEM SPD-PARTEITAG IN CHEMNITZ, 15. BIS 21. SEPTEMBER 1912

★

Der Klassenkampf im Innern der kapitalistischen Staaten wie die internationale Solidarität der Arbeiter aller Länder sind **DAS LEBENSPRINZIP DES SOZIALISMUS UND DER PROLETARISCHEN POLITIK.** Sie wirken gleich stark im Frieden wie im Kriege und können nicht im Kriege suspendiert werden. Der sogenannte »Burgfrieden« ist eine Falle, die dem Proletariat von den herrschenden Klassen gestellt wird, um es **ZUM AKTIVEN WERKZEUG IHRER POLITIK** zu machen. ZUR BEGRÜNDUNG EINES MINDERHEITSVOTUMS GEGEN DIE KRIEGSKREDITE, NOVEMBER 1914

★

Die Wege des Kapitals **SIND NICHT IM MINDESTEN WUNDERBAR.** Mit der gleichen naturgesetzlichen Notwendigkeit, die das Wasser den Berg hinunter treibt, **STRÖMT DAS KAPITAL AN DEN ORT DES HÖCHSTEN PROFITS.** Ihm moralische Skrupel welcher Art immer ansinnen, hieße dem Wasser zumuten, bergan zu laufen oder dem Felde zuzufliegen. Aber die Wege des Kapitals sind dennoch wunderbar. **NICHT IN IHRER GESETZMÄßIGKEIT, SONDERN IN IHRER UNERSCHÖPFLICHEN MANNIGFALTIGKEIT.** Wir wirkt sich die Kapitalmacht jeweils aus, wie setzt sie sich in soziale oder politische Macht um, die wiederum wirtschaftlich dem Profit nutzbar ist? Verborgene Maulwurfsgänge, geheime, geheimste Kanäle, ein weitverzweigtes unterirdisches Röhrennetz leiten in **POLITISCHE PARTEIEN,** die zu einem guten Teil geradezu die Ausgehaltenen gewisser **KAPITALISTISCHER INTERESSENTENGRUPPEN** sind, leiten in allerhand scheinbar unabhängige, oft sich höchst idealistisch gebärdende Vereinsorganisationen, leiten vor allem auch in die Presse. »WAS IST? WAS WIRD SEIN?«, ARTIKEL IM »VORWÄRTS«, APRIL 1913

★

Die **KAPITALISTISCHE EXPANSION,** die wir als ein Naturgesetz der kapitalistischen Gesellschaftsordnung erkennen, macht die einzelnen kapitalistischen Staaten **ZU IMMER SCHÄRFEREN KONKURRENTEN UNTEREINANDER.** Bereits wird die Erde zu eng. Die Konkurrenten sind sich nah auf den Leib gerückt, sie stehen sich Brust an Brust, Auge in Auge bis an die Zähne bewaffnet gegenüber. Der Grundzug des Kapitalismus ist ja nicht: **SOWOHL DU ALS ICH, SONDERN: DU ODER ICH.** REDE AUF DER ERSTEN INTERNATIONALEN KONFERENZ DER SOZIALISTISCHEN JUGENDORGANISATIONEN IN STUTTGART, 26. AUGUST 1907

★

Es kann heute, in der **ÄRA DER IMPERIALISTISCHEN WELTPOLITIK,** die das politische Leben und die Geschicke aller Staaten beherrscht, keine wirklichen nationalen Kriege mehr geben. **JEDER KRIEG IST HEUTE IN SEINEM WESEN EIN IMPERIALISTISCHER KRIEG** im Interesse der kapitalistischen Ausbeutung, der herrschenden Dynastien und der Reaktion. ZUR BEGRÜNDUNG EINES MINDERHEITSVOTUMS GEGEN DIE KRIEGSKREDITE, NOVEMBER 1914

★

Die Armee ist bei weitem die schneidigste Waffe des Staats. Aber sie ist nur **MITTEL ZUM ZWECK,** wenn sie auch vielfach die Tendenz zeigt, Selbstzweck zu werden. Ihr Umfang und ihre Form richten sich daher nach dem Zweck, **IN DEN AUßENPOLITISCHEN UND INNENPOLITISCHEN SPANNUNGEN** als geeignete Waffe zu dienen; sie stehen in einem direkten Verhältnis zu diesen Spannungen. REDE AUF DER ERSTEN INTERNATIONALEN KONFERENZ DER SOZIALISTISCHEN JUGENDORGANISATIONEN IN STUTTGART, 26. AUGUST 1907

★

Ich bin ein Anhänger der **INTERNATIONALEN SOZIALDEMOKRATIE**, deren Politik aus zwei Hauptwurzeln erwächst: der Tatsache des **KLASSENKAMPFS** und dem Postulat der **INTERNATIONALEN SOLIDARITÄT DER ARBEITERKLASSE**: »Proletarier aller Länder, vereinigt Euch!« Aus dieser meiner politischen Stellung, an der ich heute mehr denn je festhalte, erklärt sich meine Todfeindschaft gegen den Zarismus, meine begeisterte Sympathie für die revolutionäre Bewegung Russlands. AN DEN EHRENGERICHTSHOF DER RECHTSANWÄLTE LEIPZIG, 9. NOVEMBER 1914

★

Politik ist die **VERFOLGUNG VON ERHALTENDEN ODER VERÄNDERNDEN ZIELEN** in Bezug auf den Zustand der Gesellschaft, und zwar im Wege der Entwicklung auf die gesellschaftlichen Kräfte, sei es im menschlichen Faktor, sei es im außermenschlichen Substrat der Gesellschaft. Sie ist eine Form, **SEI ES DER FÖRDERNDEN, SEI ES HINDERNDEN MENSCHLICHEN ENTWICKLUNG** auf die gesellschaftliche Entwicklung. VERSUCH ÜBER DAS GESELLSCHAFTLICHE BEWEGUNGSGESETZ, VERFASST IM ZUCHTHAUS LUCKAU 1916–1918

★

Die Logik ist doch beileibe nichts Unbestechliches. Ganz im Gegenteil, die »logische« Deduktion ist die **BESTECHLICHSTE ART DER MENSCHLICHEN GEISTESBETÄTIGUNG**, besonders wenn es sich um Anwendung logischer Kategorien auf Erscheinungen der Erfahrung handelt; und ihr gegenüber ist auf diesem Gebiete sogar das gesunde Gefühl, wie mir scheint, vielfach erheblich sicherer. Die **JURISTISCHE LOGIK** ist aber ganz besonders, und zwar vielfach mit Recht, verrufen. REDE IM PREUßISCHEN ABGEORDNETENHAUS ZUM JUSTIZETAT, 5. FEBRUAR 1914

★

STETS **AUF ERFOLG VERTRAUEN** UND STETS **AUF MISS-ERFOLG GERÜSTET** SEIN – DAS IST DIE ZAUBERFORMEL, DIE DEN SIEG VER-BÜRGT!

NOTIZEN AUS DEM ZUCHTHAUS LUCKAU, 1917

Die **DIKTATUR DES PROLETARIATS** im sozialistischen Sinne, d.h. als Mittel zur Durchsetzung/Verwirklichung der sozialen Revolution, liegt nur vor, wenn das Proletariat als solches, **ALS VERTRETER SEINER SPEZIFISCHEN KLASSENINTERESSEN**, als Träger und Faktor der sozialen Revolution und zum Zwecke der Durchsetzung der sozialen Revolution die Diktatur übernimmt oder aber bei Übernahme aus andrem Anlass demnächst (alsdann) führt. Nicht aber, wenn es die politische Herrschaft **UM ANDRER ZWECKE WILLEN** (z.B. »Frieden« schlechthin usw.) ergriffen hat und auf diese gestützt zur politischen Macht gelangt ist und darauf gestützt und dazu seine politische Herrschaft führt. NOTIZEN AUS DEM ZUCHTHAUS LUCKAU, 1917

★

Gewiss, unsere **ALLGEMEINE AGITATION** klärt die Köpfe auf, und jeder Antikapitalist, jeder Sozialdemokrat ist an und für sich ein vorzüglicher, sogar der zuverlässigste oder auch einzig zuverlässige Antimilitarist; und **DIE ANTIMILITARISTISCHE POINTE UNSRER ALLGEMEINEN AUFKLÄRUNGSARBEIT** beseitigt hier jeden Zweifel. Indessen, an wen wendet sich unsre allgemeine Agitation? [...] Dass der Einfluss der Eltern – in Verbindung mit dem Einfluss der ökonomischen, sozialen und politischen Verhältnisse, unter denen die proletarische Jugend aufwächst [...], **MIT ALLEN VERSUCHEN DER REAKTION UND DES KAPITALISMUS**, die kindliche Seele heimtückisch für sich einzufangen, spielend leicht fertig wird, entspricht selbstverständlich auch unsrer Auffassung. [...] »Jeder Sozialdemokrat erzieht seine Kinder zu Sozialdemokraten«; aber doch nur nach besten Kräften. [...] Wie viele sozialdemokratische Proletarier, selbst wenn sie den besten Willen haben, haben zur Erziehung die nötige Zeit, und wie viele haben die nötigen Kenntnisse? [...] Hier muss noch an allen Ecken und Enden, **WENN DIE PARTEI IHRE VOLLE PFLICHT**

TUN WILL, der häuslichen Erziehung zu Hilfe gekommen werden durch die allgemeinen Jugendbildungsbestrebungen und im Besonderen auch durch eine besondere Jugendagitation, die notwendig eine antimilitaristische Spitze haben **muss.** »MILITARISMUS UND ANTIMILITARISMUS UNTER BESONDERER BERÜCKSICHTIGUNG DER INTERNATIONALEN JUGENDBEWEGUNG«, 1907

★

Mehr als 82 Prozent der preußischen Staatsbürger sind **ZUR VÖLLIGEN POLITISCHEN MACHTLOSIGKEIT** verdammt. Das Proletariat will die Schmach nicht länger erdulden! [...] Und es will seine Macht politisch realisieren. [...] Eine zeitgemäße Reform des Dreiklassenwahlrechts wird verheißen, feierlich in einer Thronrede verheißen. Und der 4. Februar 1910 bringt die »Erfüllung« der Verheißung [die Regierung legte einen Gesetzentwurf vor, der am Dreiklassenwahlsystem festhielt]. **EINE ERFÜLLUNG, DIE EINE VERHÖHNUNG IST.** Statt der ersehnten Freiheit – ein brutaler Faustschlag mitten ins Gesicht des Volkes. [...] Ein neuer Versuch, durch Militarisierung des politischen Lebens jeden Fortschritt zu hintertreiben, durch Privilegierung der Staatsfunktionäre das bürokratische Proletariat immer enger an den Staat zu ketten, von der großen Masse des Volkes zu trennen, **ZU EINER WILLIGEN HETZE GEGEN DAS KÄMPFENDE PROLETARIAT ZU GEWINNEN.** Kurzum: Ein letzter Versuch, die Minderheitsherrschaft durch Steigerung der Staatsgewalt zu stabilisieren, Militarismus und Bürokratie zu einem immer festeren Bollwerk gegen die andrängenden, Freiheit heischenden Volksmassen zusammenzuschweißen. »JETZT GILT'S!« ARTIKEL IN DER »MÄRKISCHEN VOLKSSTIMME« VOM 12. FEBRUAR 1910

★

DIE BÜRGERLICHE DEMOKRATIE IST **EINE VERFÄLSCHTE DEMOKRATIE**, DA DIE ÖKONOMISCHE UND SOZIALE ABHÄNGIGKEIT DER ARBEITENDEN MASSE AUCH BEI FORMALER POLITISCHER GLEICHHEIT DEN HERRSCHENDEN KLASSEN SACHLICH EIN UNGEHEURES POLITISCHES ÜBERGEWICHT GIBT UND DIE ÖKONOMI-

SCHE UND SOZIALE ABHÄNGIGKEIT AN UND FÜR SICH WIRKLICHE DEMOKRATIE AUSSCHLIEẞT. SO FÜHRT DER WEG ZUR DEMOKRATIE ÜBER DEN SOZIALISMUS, **NICHT ABER DER WEG ZUM SOZIALISMUS** ÜBER DIE SOGENANNTE **DEMOKRATIE**.

»LEITSÄTZE«, 28. NOVEMBER 1918

Dass die Gewerkschaften die besondere Aufgabe haben, die **KONKRETEN WIRTSCHAFTLICHEN KÄMPFE** zu führen [...] darüber besteht nirgends ein Zweifel. [...] Calwer [Richard Calwer, Nationalökonom, SPD-Politiker] hat den Gewerkschaften geraten: Stellt nur nicht so hohe Forderungen, **SONST UNTERGRABT IHR EUCH EUREN ARBEITSMARKT**; seid fein bescheiden. **SO SAGT EIN REVISIONIST.** So werden im Widerspruch mit dem Klassenkampfe die Gewerkschaften zur Bescheidenheit statt zur Unzufriedenheit gemahnt; schlimmer kann nicht gesündigt werden.

REDE AUF DEM SPD-PARTEITAG IN JENA, 17. BIS 23. SEPTEMBER 1905

★

Die Politik als Kunst des Unmöglichen: Das Gehabe derer, die so zu schieben glauben oder glauben machen und tatsächlich geschoben werden, ist die **POLITIK ALS KUNST DES MÖGLICHEN.** Wer die Entwicklung jeden Augenblicks bis zur Realisierung der äußersten Möglichkeit bestrebt ist, muss sich anders verhalten. Er muss Ziel und Richtung seiner Politik weit **JENSEITS DER ÄUßERSTEN PRAKTISCHEN MÖGLICHKEIT NEHMEN.** Das äußerste Mögliche ist nur erreichbar durch das Greifen nach dem Unmöglichen. Die verwirklichte Möglichkeit ist das Resultat **AUS ERSTREBTEN UNMÖGLICHKEITEN.** Das objektiv Unmögliche wollen bedeutet also nicht sinnlose Phantasterei und Verblendung, sondern praktische Politik im tiefsten Sinne. Die Unmöglichkeit der Verwirklichung eines politischen Ziels aufzeigen heißt mitnichten seine Unsinnigkeit beweisen, höchstens die Einsichtslosigkeit der Kritikaster in die gesellschaftlichen Bewegungsgesetze, besonders in die Gesetze der gesellschaftlichen Willensbildung. Die **EIGENTLICHE UND STÄRKSTE POLITIK,** das ist die Kunst der Unmöglichkeit. VERSUCH ÜBER DAS GESELLSCHAFTLICHE BEWEGUNGSGESETZ, VERFASST IM ZUCHTHAUS LUCKAU 1916–1918

★

Es ist nur eine Legende, wenn behauptet wird, die Hohenzollern hätten das Volk aus den gierigen Händen des Raubrittertums befreit. **PREUßEN IST GROß GEWORDEN DURCH RAUB UND GEWALT.** [...] Preußen ist kolonisiert worden, wie man auch heute noch fremde Völker mit blutiger Gewalt unterwirft. Zwar wissen auch wir Sozialdemokraten, dass der preußische Staat nicht unter Anwendung von Rosenwasser werden konnte, aber seine Entstehung verdankt er **DEM GEGENTEIL VON CHRISTLICHER UND TUGENDHAFTER ART.** [...] Als dann das Volk für die Einheit der deutschen Nation aufstand, da wurde es **GEWALTSAM UND BLUTIG NIEDERGEZWUNGEN** und ein Hohenzoller verdiente sich dabei den Namen »Kartätschenprinz«. So hat sich damals wie bisher **PREUßEN ALS DER GENDARM DEUTSCHLANDS** erwiesen und jedes Streben nach deutscher Einheit im Blute erstickt. [...] Mit preußischen Bajonetten beantwortete man das Einheitsstreben, mit preußischen Bajonetten trieb man 1848 die Volksvertretung auseinander, als sich das Volk gegen die Aufzwingung des preußischen Dreiklassenwahlrechts wehrte. [...] Es war dies ein unverkennbarer **STAATSSTREICH DER PREUßISCHEN KRONE.** So gewaltsam wie seine Entstehung ist das Wesen des oktroyierten Dreiklassenwahlrechtes. Durch Staatsstreich und Hochverrat von oben ist es entstanden, und es besteht zu »Recht«, weil Verfassungsbruch und Staatsstreich **ALS DAS RECHT DER HERRSCHENDEN KLASSE IN PREUßEN** betrachtet wird. REDE IN EINER VERSAMMLUNG IN BRANDENBURG/HAVEL, 31. MAI 1912

★

Dem Proletariat als einer internationalen Klasse steht **JEDES SOZIALE ÜBEL, DAS ALLGEMEINEN, GESELLSCHAFTLICHEN CHARAKTER TRÄGT**, als ein internationales gegenüber, die internationale Solidarität des Proletariats verwandelt die nationalen Gegensätze in internationale soziale Gegensätze und führt damit zu einer Umkehrung der Technik des Kampfs gegen jene Übel, auch soweit sie im Gewand national-staatlicher Gegensätze auftreten: Die eine **PROLETARISCHE WELTARMEE** wird derart verwendet, dass jede nationale Sektion von ihr den Kampf gegen den Teil des Feindes führt, der ihr unmittelbar gegenübersteht – mit sozialen Mitteln: Aufhebung zugleich des Übels und seiner Wurzel!! NOTIZEN AUS DEM ZUCHTHAUS LUCKAU, 1918

★

Wachsen die ausländischen Rüstungen, so müssen nach dem **EINMALEINS DER MILITARISTISCHEN MATHEMATIK** auch die einheimischen Rüstungen wachsen. Es gibt kein schlagenderes **ARGUMENT ZUR ERZWINGUNG EINER EINHEIMISCHEN RÜSTUNGSSTEIGERUNG** als Pläne oder Realitäten ausländischer Rüstungsvermehrungen. So haben die Rüstungsindustrie und deren Soldknechte bei Bearbeitung des Publikums, ihre Presseagenten, ein gewaltiges Interesse daran, das Ihrige zur Vermehrung der ausländischen Rüstung beizutragen. Dazu dienen verschiedene Mittel, **HATZ UND DROHUNGEN GEGEN DAS AUSLAND, AUFPUTSCHEN DER VÖLKER GEGENEINANDER,** kurzum, das Säen von Zwietracht ist ein ausgezeichnetes, ja das grundlegende Mittel, bei dem noch die besonders angenehme Beigabe abfällt, sich in patriotischen Verzückungen der Welt produzieren zu können und den Lorbeer der tapferen, unentwegten Retter des Vaterlandes verdienen zu können.

»DIE INTERNATIONALE DER RÜSTUNGSINDUSTRIE«, 1914

★

Nur diejenige **OPPOSITION IST EINE WIRKLICHE,** die eine der herrschenden Macht im Schlussergebnis selbstständig entgegenstehende und sie schwächende Macht bildet, die der Regierungspolitik in ihren entscheidenden Aktionen, in denen sie laufend die Summe aus der politischen Gesamtlage zieht, **KRÄFTE NIMMT, KRÄFTE ENTGEGENSETZT** und so Abbruch tut. Wobei das Formale von dem Materiellen wohl zu unterscheiden ist: Auch eine formal ganz korrekte prinzipiell scheinende **PARLAMENTARISCHE, JA AUßERPARLAMENTARISCHE OPPOSITION IST DANN NUR SCHEINOPPOSITION**, wenn sie durch äußerlich prinzipielles Verhalten machtloser Instanzen (z. B. Parteivertretungen in Scheinparlamenten!) die zu wirklichem Kampf fähigen und bereiten Faktoren in tatenloses Gottvertrauen einwiegt, in stumpfe Gleichgültigkeit lullt, in ihrer **KAMPFFÄHIGKEIT UND KAMPFBEREITSCHAFT** lähmt. NOTIZEN AUS DEM ZUCHTHAUS LUCKAU, NOVEMBER 1917

★

Wir pflegen zu sagen, die Regierung sei ein Ausschuss der herrschenden Klassen. Das trifft so schlechthin nicht überall zu. Die **REGIERUNGSGEWALT** selbst hat sich vielfach in beträchtlichem Umfang **VERSELBSTSTÄNDIGT**, sich eine eigene ökonomische Grundlage geschaffen, **EIN GROßES BEAMTENHEER UND ANDERE KOSTGÄNGER IN IHRE UNMITTELBARE ÖKONOMISCHE ABHÄNGIGKEIT** gebracht und sich schon durch das Recht zur mehr oder minder weitgehenden Disposition über die vorhandenen Machtmittel des Staates einen besonders charakteristischen Einfluss gesichert. REDE AUF DER ERSTEN INTERNATIONALEN KONFERENZ DER SOZIALISTISCHEN JUGENDORGANISATIONEN IN STUTTGART, 26. AUGUST 1907

★

DAS **SCHMIERGELDER-WESEN** IST IN DEUTSCHLAND ZU EINER ALLGEMEINEN EINRICHTUNG GEWORDEN. AUCH DEUTSCHLAND SCHWITZT DIE **KAPITALISTISCHE KORRUPTION** AUS ALLEN POREN.

»DIE INTERNATIONALE DER RÜSTUNGSINDUSTRIE«, 1914

Wir sehen, wie ein **VERSTÄNDNIS FÜR DEN WERT DER NATURSCHÄTZE** erst in der neueren Zeit wieder in weiteren Kreisen eingetreten ist – nach der wilden Periode der Entwicklung unserer Industrie, unseres Verkehrs, in der alle anderen Interessen zurückgesetzt worden sind hinter dem einen Interesse des: **BEREICHERT EUCH!** Enrichissez vous!, wo man gehöhnt hat über diejenigen, die die ästhetischen Werte zu schätzen und zu schützen suchten, als über Narren, die noch nicht genügend den Geist der Zeit verstanden hätten. Jetzt hat nach und nach eine gewisse Einkehr eingesetzt, wesentlich deshalb, weil die **UNERMESSLICHE BEDEUTUNG DER NATUR UND IHRER SCHÄTZE FÜR DIE GESUNDHEIT DER BEVÖLKERUNG** in moralischer und geistiger, aber auch körperlicher Beziehung immer mehr erkannt worden ist. Wenn wir betrachten, wie die Landschaften aussehen, durch die wir mit der Eisenbahn fahren, besonders in der Nähe der großen Städte, da wird man oftmals geradezu von einem Ingrimm erfüllt über die Rücksichtslosigkeit, mit der die schönsten Landschaften **DEM REKLAMEBEDÜRFNIS UNSERER KAPITALISTISCHEN KREISE** zum Opfer gebracht sind. Das ist eine Brutalität ohne Grenzen, und alle Versuche, in der Richtung einschränkend zu wirken, haben bisher nichts genützt. REDE IM PREUẞISCHEN ABGEORDNETENHAUS ZU EINEM ANTRAG DER FORTSCHRITTLICHEN VOLKSPARTEI, 1913

★

So entsteht in den Krisen der Gesellschaftsentwicklung die Erhebung der Massen-Einsicht bis **ZUR ERKENNTNIS DES GESELLSCHAFTSBEDÜRFNISSES,** der Massenethik bis zur Preisgabe ihrer individuellen Sonderinteressen **FÜR DAS ALLGEMEININTERESSE,** bis zur Bereitschaft, sein ganzes Selbst dafür aufzuopfern, die Erhebung des Massenmutes zum Heroismus, der Massenkraft und Zähigkeit, bis zum Gigantischen, zur Unüberwindlichkeit. VERSUCH ÜBER DAS GESELLSCHAFTLICHE BEWEGUNGSGESETZ, VERFASST IM ZUCHTHAUS LUCKAU 1916–1918

★

Als Machtkampf, nicht als Formalprozess muss dieser **ENTSCHEIDUNGSKAMPF** [ab August 1914 bestand die »Gruppe Internationale« als oppositionelle Gruppe innerhalb der SPD; sie nannte sich ab 1916 »Spartakusgruppe«. Liebknecht wurde wegen seiner radikalen Kritik an der Fraktionsmehrheit im Januar 1916 aus der sozialdemokratischen Reichstagsfraktion ausgeschlossen] durchgefochten werden. Speer gegen Speer, Macht gegen Macht. **DASJENIGE MITTEL IST DAS RICHTIGE, DAS DIE STÄRKSTE MACHT GEWÄHRT.** Und wer kann zweifeln, dass die stärkste Macht der Opposition entfaltet wird, wenn die dem Sozialismus treu gebliebenen oder ihm mit Aufbietung aller agitatorischen Kraft wiedergewonnenen Organisationen ihre Mittel für sich selbst, für ihren Kampf gegen Krieg und Imperialismus und alle seine Helfershelfer einschließlich **DER VERRÄTERISCHEN PARTEIINSTANZEN** in den Händen behalten und aufwenden? [...] Wer kann zweifeln, dass der Parteivorstand, wenn ihm die Parteiorganisationen in größerer Zahl, in breiter Front so gerüstet entgegentreten, matt gesetzt ist? Nur auf die entschlossene Ausführung der Tat kommt es an; wer sich ihr widersetzt, lädt die Mitverantwortung für einen Sieg des Parteivorstandes auf sich, für die Parteizerrüttung, **FÜR DIE WEITERE AUSLIEFERUNG DER PARTEI AN DIE REGIERUNG,** für die Hemmung des Kampfes gegen den Krieg. SPARTAKUSBRIEFE, 22. APRIL 1916

★

Was etwa an Reformen heute erzielt wird, wird es **NICHT DURCH, SONDERN TROTZ DER MEHRHEITSPOLITIK**; durch die Opposition gegen die Mehrheitspolitik und die Sorge vor ihrem Wachstum. Selbst diese kümmerlichen Federn, mit denen sich die Scheidemänner [Philipp Scheidemann, ab 1913 Vorsitzender der SPD-Fraktion] heute schmücken oder in Zukunft schmücken werden, sind fremde Federn.

NOTIZEN AUS DEM ZUCHTHAUS LUCKAU, 1917

★

Deutschlands Demokratisierung **MACHT REIßENDE FORTSCHRITTE.** Was »persönliches Regiment«, Militärdiktatur, Imperialismus, Standrecht, Wahlrechtstrug, Steuerplünderung! Kleinigkeiten! Aber unser Parlamentarismus! [...] **DEUTSCHER** Parlamentarismus versteht sich, veredelter Parlamentarismus! **NICHT WIE IM WILDEN WESTEN** Bindung der Regierung durch die Parteien, sondern Ankettung der Parteien an die Regierung; **NICHT WIE IM WILDEN WESTEN** die oppositionelle Mehrheit zur Regierung erhoben, sondern die Regierung von der Opposition befreit, Ausrottung der »Opposition«, die niemals Opposition war, durch Zulassung zur Staatskrippe. Veredelter deutscher Parlamentarismus! Und nun gar: **FESTARTIKEL ZU KARL MARX' HUNDERTJÄHRIGEM GEBURTSTAG** in der »Norddeutschen Allgemeinen Zeitung«! In der »Norddeutschen Allgemeinen Zeitung«! **WISST IHR, WAS DAS HEIßT?** Das ist mehr als die Zulassung »sozialistischer« Blätter zum Bahnhofsverkauf; mehr als die Entbindung »sozialpolitischer« Funktionäre vom Kriegsdienst; mehr als die Vorder- und Hintertreppenschlüssel zu den Ministerien und als die Empfänge im Hauptquartier, beim Kronprinzen und bei Ihm selbst. **WISST IHR, WAS DAS HEIßT?** Karl Marx regierungsfähig, Karl Marx hoffähig geworden. Karl Marx durch die Gosse des Regierungssozialismus in die Königlich Preußische Allerwelts-Kloake geschwemmt. **DEUTSCHLANDS DEMOKRATISIERUNG MACHT REIßENDE FORTSCHRITTE.** NOTIZEN AUS DEM ZUCHTHAUS LUCKAU, MAI 1918

★

Die **RUSSISCHEN VÖLKER WERDEN IHNEN EINS AUFSPIELEN,** dass ihnen die Haare zu Berge stehen! Das sind keine geduldigen deutschen Schafe/Lämmerherden! Sie sind mit dem Zarismus fertig geworden – sie werden auch den Preußen Flötentöne beibringen. NOTIZEN AUS DEM ZUCHTHAUS LUCKAU, 1918

★

DIE DEUTSCHE SOZIALDEMOKRATIE, DEREN ZUSAMMENBRUCH NUR DIE FESTSTELLUNG IHRER LÄNGST BESTEHENDEN SCHWÄCHE WAR, MUSS EINE **VÖLLIGE INNERE UMWANDLUNG** ERFAHREN, WENN SIE BEFÄHIGT WERDEN SOLL, DIE PROLETARISCHE MASSE IN IHRER GESCHICHTLICHEN MISSION ZU LEITEN. [...] VORAUSSETZUNG DAFÜR IST DIE UMGESTALTUNG

DES BÜROKRATISCHEN SYSTEMS DER PARTEI- UND GEWERKSCHAFTS-ORGANISATION, DAS DIE ENTSCHLUSS- UND TATKRAFT DER MASSEN IM **WUST DER INSTANZEN** ERSTICKT, IN EIN DEMOKRATISCHES SYSTEM, WO DIE FUNKTIONÄRE **WERKZEUGE DER MASSEN** SIND.

RESOLUTION AUF DER REICHSKONFERENZ DER GRUPPE INTERNATIONALE, 19. MÄRZ 1916

Äußere Einigkeit ohne innere Einigkeit **IST NICHT STÄRKE, SONDERN SCHWÄCHE,** gegenseitige Fesselung und Aufhebung, nicht Lösung und Summierung der Kräfte. Jenes Geschrei fordert nicht **WIRKLICHE MACHTENTFALTUNG DER MASSEN**, sondern die **VORTÄUSCHUNG** einer in Wirklichkeit nicht vorhandenen Macht. Überflüssig, zu bemerken, dass sich mit dieser Vortäuschung keine ernsten Erfolge erzielen lassen, dass sie auch in Zukunft bei der ersten besten Probe ebenso blamabel aufgedeckt werden würden wie bei Ausbruch des Kriegs, dass sie den **GEGNERN DES PROLETARIATS NICHT SCHADET, ABER DEM PROLETARIAT SELBST VERDERBLICH WIRD,** indem sie es vom einzigen Weg zur Macht auf einen Irrweg lenkt, es abhält, den richtigen Weg zur wirklichen Macht zu suchen und zu finden. NOTIZEN AUS DEM ZUCHTHAUS LUCKAU, 1917

★

Evolution und Revolution sind **KEINE GEGENSÄTZE.** Vielmehr ist der Revolutionsbegriff ein Unterbegriff des Evolutionsbegriffes. Die **REVOLUTION IST DIE KONZENTRIERTE, INTENSIVE FORM,** in der sich die Evolution unter gewissen kritischen Umständen in dem Moment der Peripethie vollzieht oder vielmehr ostentativ in Erscheinung tritt. [...] In einem anderen Sinne **BEDEUTET REVOLUTION EINE GEWISSE GROßE SUMME VON EVOLUTION,** eine gewisse Periode der Evolution zusammenfassend, eine Periode, innerhalb deren sich eine hochgradige, wesentliche Umgestaltung – Umwälzung – vollzieht. VERSUCH ÜBER DAS GESELLSCHAFTLICHE BEWEGUNGSGESETZ, VERFASST IM ZUCHTHAUS LUCKAU 1916–1918

★

Aber glaubt jemand allen Ernstes, dass sich die Menschen den geeigneten Zeitpunkt für eine Revolution und für die Verwirklichung des Sozialismus nach ihrem Gutdünken und Belieben auszusuchen vermögen? **SO IST DER GANG DER WELTGESCHICHTE WAHRLICH NICHT!** Jetzt geht es nicht an zu erklären: Für heute und morgen passt uns die sozialistische Revolution nicht in unseren sorgfältig ausgerechneten Plan; aber übermorgen, wenn wir besser dazu vorbereitet sind, wenn wir wieder Brot und Rohstoffe haben und unsere kapitalistische Produktionsweise sich wieder in vollem Gang befindet, dann wollen wir über die Sozialisierung der Gesellschaft mit uns reden lassen. **NEIN, DAS IST EINE GRUNDFALSCHE UND LÄCHERLICHE AUFFASSUNG VON DEM WESEN DER GESCHICHTLICHEN ENTWICKLUNG.** Man kann sich weder den geeignet erscheinenden Zeitpunkt für eine Revolution aussuchen noch die Revolution nach eigenem Ermessen vertagen. Denn was sind Revolutionen ihrem Wesen nach anderes als große und elementare gesellschaftliche Krisen, deren Ausbruch und Entfaltung nicht von dem Willen Einzelner abhängt und die sich, über die Köpfe Einzelner hinweg, gleich gewaltigen Gewittern entladen! Schon **KARL MARX** hat uns gelehrt, dass die soziale Revolution in eine Krise des Kapitalismus fallen muss. Nun wohl, dieser Krieg ist nichts anderes als eine solche Krise; **UND DARUM HAT JETZT, WENN IRGENDWANN, DIE STUNDE DES SOZIALISMUS GESCHLAGEN.** REDE AUF EINER VERSAMMLUNG IN DER BERLINER HASENHEIDE, 23. DEZEMBER 1918

MILITARISMUS UND ANTI-MILITARISMUS

Wir haben noch niemals verkannt, dass der **MILITARISMUS EINE BEGLEITERSCHEINUNG DES KAPITALISMUS** ist und dass es keine bessere Bekämpfung des Militarismus gibt als den Kampf gegen den Kapitalismus. DISKUSSIONSREDE AUF DEM SPD-PARTEITAG IN MANNHEIM, 29. SEPTEMBER 1906

★

Im Punkte Militarismus sind Reaktion und Kapitalismus besonders empfindlich; sie haben genau erkannt, dass sie im **MILITARISMUS IHRE WICHTIGSTE MACHTPOSITION GEGENÜBER DER DEMOKRATIE** und der Arbeiterklasse verteidigen, und stehen dem Antimilitarismus in beiderlei Gestalt, das heißt, soweit er gegen **DEN ÄUßEREN** und soweit er gegen **DEN INNEREN MILITARISMUS** geht, in festgeschlossener Phalanx gegenüber. [Für die Jugendarbeit der SPD veröffentlichte Liebknecht 1907 die Schrift »Militarismus und Antimilitarismus unter besonderer Berücksichtigung der internationalen Jugendbewegung«, für die er noch im selben Jahr wegen »der Vorbereitung eines hochverräterischen Unternehmens« vom Reichsgericht zu anderthalb Jahren Festungshaft verurteilt wurde. Noch vor dem Ende der Haftzeit wurde er 1908 Mitglied des Preußischen Abgeordnetenhauses.] »MILITARISMUS UND ANTIMILITARISMUS«, 1907

★

Der Militarismus ist aber nicht nur Wehr und Waffe gegen den äußeren Feind, seiner harrt eine zweite Aufgabe, die mit der schärferen Zuspitzung der Klassengegensätze und mit dem Anwachsen des proletarischen Klassenbewusstseins immer näher in den Vordergrund rückt, die äußere Form des Militarismus und seinen inneren Charakter mehr und mehr bestimmend: **DIE AUFGABE DES SCHUTZES DER HERRSCHENDEN GESELLSCHAFTSORDNUNG.** [...] Hier zeigt er sich als ein reines Werkzeug des Klassenkampfes, [...] dazu bestimmt, im Verein mit Polizei und Justiz, Schule und Kirche die Entwicklung des Klassenbewusstseins zu hemmen und darüber hinaus einer Minderheit, koste es, was es wolle, selbst gegen den aufgeklärten Willen der Mehrheit des Volkes **DIE HERRSCHAFT IM STAAT UND DIE AUSBEUTUNGSFREIHEIT ZU SICHERN.** So steht der moderne Militarismus vor uns, der nicht mehr und nicht weniger sein will als die Quadratur des Zirkels, der das Volk gegen das Volk selbst bewaffnet. [...] Allerdings soll nicht vergessen werden, dass der Militarismus [...] eine sehr **VIELGESTALTIGE UND WANDLUNGSFÄHIGE ERSCHEINUNG** ist und dass der preußisch-deutsche Militarismus durch die besonderen halbabsolutistischen, feudal-bürokratischen Verhältnisse Deutschlands zu einer ganz besonderen Blüte gediehen ist. Dieser **PREUßISCH-DEUTSCHE MILITARISMUS** trägt alle schlechten und gefährlichen Eigenschaften irgendeiner Form des kapitalistischen Militarismus an sich [...]. Wie uns angeblich noch keiner – um mit Bismarck zu reden – den preußischen Leutnant nachgemacht hat, so hat uns in der Tat noch keiner den preußisch-deutschen Militarismus ganz nachzumachen vermocht, der da **NICHT NUR EIN STAAT IM STAATE, SONDERN GERADEZU EIN STAAT ÜBER DEM STAATE** geworden ist. »MILITARISMUS UND ANTIMILITARISMUS«, 1907

★

Süßestes Zuckerbrot, **ALS LOCKMITTEL ZUR BILDUNG UND FÜLLUNG DER WICHTIGEN STÄNDIGEN KADER DER ARMEE** erfolgreich verwendet, ist das Kapitulantentum mit der Aussicht auf Unteroffiziersprämie und Zivilversorgungsschein. […] Die pfeifende Peitsche des Militarismus aber – das ist vor allen Dingen das Disziplinarwesen, das Militärstrafrecht mit seiner rigorosen Bedrohung jeder geringsten Auflehnung gegen den sogenannten militärischen Geist und die Militärjustiz mit ihrem halb mittelalterlichen Verfahren, mit ihrer unmenschlichen, barbarischen Bestrafung auch der geringsten Insubordination und ihrer gelinden Beurteilung der Ausschreitungen Vorgesetzter gegen Untergebene, mit ihrer fast grundsätzlichen Eskamotierung des Notwehrrechts. […] **SO SUCHT MAN MENSCHEN ZU ZÄHMEN, WIE MAN TIERE ZÄHMT.** So werden die Rekruten narkotisiert, verwirrt, geschmeichelt, gekauft, gedrückt, eingesperrt, geschliffen und geprügelt; so wird Körnlein um Körnlein zum Mörtel für den gewaltigen Bau der Armee zusammengemischt und geknetet, so wird Stein für Stein wohl berechnet **ZUM BOLLWERK GEGEN DEN UMSTURZ** gefügt. »MILITARISMUS UND ANTIMILITARISMUS«, 1907

★

Ein ganz andersgeartetes Mittel zur Verbreitung seines Geistes besitzt der Militarismus noch **IN SEINER EIGENSCHAFT ALS KONSUMENT UND ALS PRODUZENT** sowie in der Beeinflussung großer staatlicher Wirtschaftsbetriebe von strategischer Bedeutung. **VON DER ARMEE LEBT EINE GANZE ARMEE VON FABRIKANTEN, HANDWERKERN UND KAUFLEUTEN** mit ihren Angestellten, die an der Erzeugung und dem Transport der für ihre Ausrüstung, ihre Unterkunft und ihren Unterhalt notwendigen Gegenstände und aller sonstigen Verbrauchsartikel für die Soldaten beteiligt sind. »MILITARISMUS UND ANTIMILITARISMUS«, 1907

★

DER MILITARISMUS IST NICHTS SPEZIFISCH KAPITALISTISCHES. ER IST VIELMEHR **ALLEN KLASSENGESELLSCHAFTSORDNUNGEN**, VON DENEN DIE KAPITALISTISCHE DIE LETZTE IST, EIGEN UND WESENTLICH. FREILICH ENTWICKELT DER KAPITALISMUS EBENSO WIE JEDE ANDERE KLASSENGESELLSCHAFTSORDNUNG **SEINE BESONDERE SORTE MILITARISMUS**.

»MILITARISMUS UND ANTIMILITARISMUS«, 1907

Die kriegsmäßige Ausbildung verlangt immer gebieterischer ein stets höheres Maß von Selbstständigkeit des Soldaten. Als **HOFHUND DES KAPITALS** braucht der Soldat **KEINE SELBSTSTÄNDIGKEIT,** ja er darf sie nicht einmal haben, soll seine Selbstmörderqualifikation nicht vernichtet werden. Kurzum, der Krieg **GEGEN DEN ÄUßEREN FEIND** erfordert **MÄNNER**, der Krieg **GEGEN DEN INNEREN FEIND SKLAVEN**, Maschinen. »MILITARISMUS UND ANTIMILITARISMUS«, 1907

★

Der Militarismus tritt [...] auf: erstens als Armee selbst, sodann als ein über die Armee hinausgehendes **SYSTEM DER UMKLAMMERUNG DER GANZEN GESELLSCHAFT DURCH EIN NETZ MILITARISTISCHER UND HALBMILITARISTISCHER EINRICHTUNGEN** (Kontrollwesen, Ehrengerichte, Schriftstellereiverbot, Reserveoffiziertum, Zivilversorgungsschein, Vermilitarisierung des ganzen Beamtenapparats, die in erster Linie dem Reserveoffizierunfug und dem Militäranwärterunwesen zu danken ist, Jugendwehren, Kriegervereine und dergleichen), ferner **ALS EIN SYSTEM DER DURCHTRÄNKUNG UNSRES GANZEN ÖFFENTLICHEN UND PRIVATEN VOLKSLEBENS MIT MILITARISTISCHEM GEISTE,** wobei auch Kirche, Schule und eine gewisse feile Tendenzkunst, ferner die Presse, ein erbärmliches, käufliches Literatengesindel und der gesellschaftliche Nimbus, mit dem »unser herrliches Kriegsheer« wie nur einer Gloriole geschäftig umgeben wird, zäh und raffiniert zusammenwirken: Der Militarismus ist neben der katholischen Kirche der **HÖCHSTE MACHIAVELLISMUS DER WELTGESCHICHTE** und der machiavellistischste unter allen Machiavellismen des Kapitalismus. »MILITARISMUS UND ANTIMILITARISMUS«, 1907

★

Da der bloße Sklaven- oder Kadavergehorsam nicht ausreicht, aber auch nicht mehr möglich ist, muss der Militarismus sich **DEN WILLEN SEINER MANNSCHAFT** auf einem Umwege zu eigen machen, um sich auf diese Weise »Schießautomaten« zu schaffen. Er muss ihn durch geistige und seelische Beeinflussung oder durch Gewaltmittel beugen, er muss ihn ködern oder zwingen. **ZUCKERBROT UND PEITSCHE** heißt es auch hier. Der richtige »Geist«, den der Militarismus braucht, ist erstens mit Rücksicht auf seine Funktion **GEGENÜBER DEM ÄUßEREN FEIND:** chauvinistische Verbohrtheit, Engherzigkeit und Selbstüberhebung, zweitens mit Rücksicht auf seine Funktion **GEGENÜBER DEM INNEREN FEIND:** Unverständnis oder selbst Hass gegen jeden Fortschritt, gegen jede die Herrschaft der augenblicklich herrschenden Klasse auch nur im entferntesten bedrohende Unternehmung und Bestrebung. In diese Richtung hat der Militarismus, soweit er mit dem Zuckerbrot ködern will, das Denken und Empfinden der Soldaten zu lenken ... »MILITARISMUS UND ANTIMILITARISMUS«, 1907

★

BRUTAL, ROBUST, VOLL ZYNISCHEN HOHNS gegen alle Argumente und Methoden einer sozusagen feineren Gesittung, wie der Militarismus selbst, diese konzentrierte, systematisierte Rohheit der Gewalttätigkeit – **SO IST DIE RÜSTUNGSINDUSTRIE. UNGEHEUERLICH** in ihren Kräften, **UNERSÄTTLICH** in ihren Ansprüchen, **LEIDENSCHAFTLICH** in ihrem Profitwillen. Gefüttert mit den sauren Groschen der Armen, die sie in süße Millionen für Geldfürsten wandelt. Umflossen von dem Heiligenschein eines teils philisterhaften, teils marktschreierischen, teils in trüben Spekulationen entarteten **PATRIOTISMUS,** dessen heuchlerische Verächtlichkeit vielfach so weit geht, dass die Heuchelei aufhört, bewusst zu sein. [...] **JE MEHR VÖLKERHASS, UM SO MEHR PROFIT!** Durch ihr innerstes Wesen international, weit über alle Landesgrenzen hinaus **SOLIDARISCH IM INTERESSE AN DER GEGENSEITIGEN VERHETZUNG DER VÖLKER**, die innere und äußere Skrupellosigkeit des Kapitalismus übergipfelnd. Und voll Interesse gerade **AN EINEM BESTIMMENDEN EINFLUSS AUF DIE POLITIK,** vor allem auf die äußere, auf die Staatsgewalt und alle politischen Machtfaktoren, durch die das heillose Feuer des Völkerhasses geschürt, der »Gefahr« friedlicher Entwicklung entgegengewirkt werden kann, die aber gleichzeitig die höchst opulenten Auftraggeber sind. »WAS IST? WAS WIRD SEIN?«, ARTIKEL IM »VORWÄRTS«, APRIL 1913

★

Wir müssen zunächst je nach der Art des Krieges unterscheiden. »Distinguo!« gilt. Danach wird sich richten, in welchen Fällen die Wehrlosmachung grundsätzlich angestrebt werden kann. Natürlich ist die **FRAGE DER GRUNDSÄTZLICHEN STELLUNG ZUM KRIEG** von höchster praktischer Wichtigkeit und keineswegs eine theoretische Spintisiererei. [...] Wenn wir uns also auch die **ABSOLUTE WEHRLOSMACHUNG** vorläufig nur für Ausnahmefälle zum Ziele setzen können, so gibt es doch **KEINE GRUNDSÄTZLICHEN UND KEINE PRAKTISCHEN BEDENKEN GEGEN DIE RELATIVE WEHRLOSMACHUNG,** die nur die Tauglichkeit des Heeres zum Angriff mindert. Die Abschaffung des stehenden Heeres und sein Ersatz durch die allgemeine Volksbewaffnung, durch die Miliz, und die damit Hand in Hand gehende [...] Herabminderung der Heeresausgaben und Abschwächung aller sonstigen militaristischen Schädlichkeiten, **DAS SIND FORDERUNGEN,** die sich ganz folgerichtig das klassenbewusste Proletariat allenthalben auf die Fahne geschrieben hat. »MILITARISMUS UND ANTIMILITARISMUS«, 1907

★

Das **LETZTE ZIEL DES ANTIMILITARISMUS** ist die Beseitigung des Militarismus, das heißt: Beseitigung des Heeres in jeder Form, mit der dann notwendig alle die gekennzeichneten sonstigen Erscheinungen des Militarismus fallen, die sich im Grunde nur als **NEBENWIRKUNGEN DER EXISTENZ DES HEERES** darstellen. Der Mantel fällt, der Herzog muss nach. »MILITARISMUS UND ANTIMILITARISMUS«, 1907

★

Der **ANARCHISMUS** will alle in der ökonomischen und sozialen Lage wurzelnden Schwierigkeiten auf ungezäumtem Pferde überspringen oder – je nachdem – das Pferd am Schwanze aufräumen. **IHM GILT DAS LEITMOTIV: AM ANFANG WAR DIE TAT.** Natürlich kann in der Entwicklung des Klassenkampfs ein Zeitpunkt kommen, wo die vom Anarchismus vorgeschlagene Aktion möglich und richtig wird. Aber der Fehler des Anarchismus ist nicht die absolute, sondern **DIE RELATIVE UNANWENDBARKEIT** der von ihm propagierten Mittel, die relative Unanwendbarkeit, die sich aus der Verkennung des jeweiligen sozialen Kräfteverhältnisses ergibt, eine Verkennung wiederum, die aus dem **MANGEL AN HISTORISCHER UND SOZIALER EINSICHT** geboren ist. Und wenn die Vorschläge des Anarchismus in späteren Entwicklungsstadien realisierbar und gebilligt werden, so ist das keine Rechtfertigung, sondern im Gegenteil eine Verurteilung der anarchistischen Taktik, der aber freilich **DAS VERDIENST DER ANREGUNG** oftmals gerechterweise nicht abgesprochen werden darf. »MILITARISMUS UND ANTIMILITARISMUS«, 1907

★

Das **SOZIALDEMOKRATISCHE ZIEL** ist die Folgerung aus einer ökonomisch-historischen Auffassung; es findet nur darin **SEINE RECHTFERTIGUNG** und ist daher von allem Utopismus weit entfernt. »MILITARISMUS UND ANTIMILITARISMUS«, 1907

★

DIE **URSACHE** DER ANTIMILITARISTISCHEN BEWEGUNG IST FÜR ANARCHISMUS WIE SOZIALDEMOKRATIE **INSOFERN DIESELBE**, ALS BEIDE IN DEM MILITARISMUS EIN BESONDERS **MECHANISCH-GEWALTTÄTIGES HEMMNIS DER VERWIRKLICHUNG IHRER SOZIALEN PLÄNE** ERBLICKEN. IM ÜBRIGEN IST SIE FÜR BEIDE SO VERSCHIEDEN, WIE EBEN NUR DIE ANARCHISTISCHE UND SOZIALDEMOKRATISCHE WELTAUFFASSUNG VERSCHIEDEN SIND.

»MILITARISMUS UND ANTIMILITARISMUS«, 1907

Das Endziel ist für den anarchistischen wie für den sozialdemokratischen Antimilitarismus [...] Beseitigung des Militarismus, und zwar des Militarismus nach außen wie des Militarismus nach innen. Indessen betrachtet die Sozialdemokratie, entsprechend ihrer Auffassung vom Wesen des Militarismus, die völlige Beseitigung des Militarismus allein für unmöglich: **NUR MIT DEM KAPITALISMUS – DER LETZTEN KLASSENGESELLSCHAFTSORDNUNG – ZUGLEICH KANN DER MILITARISMUS FALLEN.** Freilich ist der Kapitalismus nichts Konstantes, sondern **EIN SICH FORTGESETZT MODIFIZIERENDES DING** [...] So ist auch die Lebensäußerung des Kapitalismus, die wir Militarismus nennen [...] einer Abschwächung nicht unfähig; auch kann sich sein Verhältnis zum Kapitalismus immerhin lockern. **SCHWÄCHUNG DES MILITARISMUS** heißt Förderung der Möglichkeiten friedlich organischer Fortentwicklung oder wenigstens Einschränkung der Möglichkeiten gewaltsamer Zusammenstöße; sie heißt aber weiter und vor allem Gesundung, Auffrischung des politischen Lebens, des Parteikampfes. Schon der rücksichtslose und systematisierte Kampf an und für sich gegen den Militarismus führt **ZUR REVOLUTIONÄREN BEFRUCHTUNG** und Kräftigung der Partei, ist ein Jungborn revolutionären Geistes. [...] Ein so **VERZWEIGTES UND GEFÄHRLICHES GEBILDE** kann nur durch eine ebenso **VERZWEIGTE, ENERGISCHE, GROßE, KÜHNE AKTION** gefasst werden, die den Militarismus rastlos in alle seine Schlupfwinkel hinein verfolgt, toujours en vedette (stets auf dem Posten). »MILITARISMUS UND ANTIMILITARISMUS«, 1907

★

Der **ANTIPATRIOTISCHE ANTIMILITARISMUS** hat in Deutschland keinen Boden und **WIRD KEINEN BODEN FINDEN.** Wohl aber wird sich die Propaganda der deutschen Sozialdemokratie in immer stärkerem Maße **MIT DER PROPAGANDA DER INTERNATIONALEN SOLIDARITÄT**

DER ARBEITERSCHAFT UND MIT DER PROPAGANDA DES VÖLKERFRIEDENS als eines Zieles des proletarischen Befreiungskampfes durchtränken müssen. »MILITARISMUS UND ANTIMILITARISMUS«, 1907

★

Kirche und Schule, Wissenschaft und Kunst werden von den herrschenden Klassen in den Dienst gestellt, um im Proletariat nach Kräften denjenigen Geist, diejenige Gesinnung zu sichern und zu erzeugen, **DIE IHNEN IM INTERESSE DER AUFRECHTERHALTUNG IHRER HERRSCHAFT WÜNSCHENSWERT ERSCHEINEN.** Die **KLASSENJUSTIZ** dient als Gewaltmittel zum gleichen Zweck der Aufrechterhaltung der Klassenherrschaft. **POLIZEI UND GENDARMERIE** sind Spezialtruppen mit derselben Aufgabe. Das letzte und stärkste Gewaltmittel jedoch ist die **ARMEE**; sowohl in den wirtschaftlichen wie in den politischen Kämpfen gegen das Proletariat wird sie als Ultima ratio in täglich stärkerem Maße zur Verwendung gebracht, und zwar **IN LÄNDERN MIT FREIHEITLICHER VERFASSUNG NICHT MINDER ALS IN KONSTITUTIONELLEN MONARCHIEN** und in Despotien. »DER MILITARISMUS«, ARTIKEL IM »VORWÄRTS«, SEPTEMBER 1910

★

Auf dem Gebiete des äußeren Militarismus richtet sich die **MACHT DES EINZELNEN STAATES** nach der Zahl seiner wehrfähigen Bevölkerung und ihrer körperlichen Tüchtigkeit, deren allzu große Schädigung durch die kapitalistische Ausbeutung dafür **DEN BESONDEREN INTERESSEN DES ÄUßEREN MILITARISMUS** zuwiderläuft. »DER MILITARISMUS«, ARTIKEL IM »VORWÄRTS«, SEPTEMBER 1910

★

DER MILITARISMUS IST DER **WÜRG-ENGEL DER KULTUR**; ER BARBARISIERT DIE ZIVILISATION UND FRISST, DAS VOLK AUSSAUGEND, ALLE MITTEL AUF, DIE EINEM WAHR-HAFTIGEN FORT-SCHRITT DIENEN KÖNNTEN. ER IST DIE **QUINTESSENZ**

UND DIE SUMME ALLER VOLKSFEINDLICHKEIT, DER BRUTALE **EXEKUTOR** UND DER BLUTIG-EISERNE SCHUTZWALL DES KAPITALISMUS.

ARTIKEL IN »DIE JUNGE GARDE«, VOM 22. SEPTEMBER 1906

Ein raffiniertes System der sozialen und politischen **VERDUMMUNG UND VERWIRRUNG, DER DEMORALISATION UND KORRUPTION, DES DRILLS UND DER BRUTALISIERUNG** setzt ein. Mit dem Zuckerbrot alles erdenklichen **MILITÄRISCHEN FIRLEFANZES** und der, freilich auch das Proletariat zum Kampf gegen den Militarismus aufpeitschenden Peitsche der **MILITÄRISCHEN DISZIPLIN,** der Militärjustiz und der Soldatenmisshandlungen wird gearbeitet. Verlogene Ideale sucht man unter schnödem Missbrauch auch der edelsten menschlichen Eigenschaften, der Selbstlosigkeit, der Aufopferungsbereitschaft, der Hochherzigkeit und Begeisterungsfähigkeit, und unter Ausnützung aller menschlichen Kleinlichkeiten und Schwächen in die Köpfe und Herzen der Söhne des Proletariats einzupflanzen. **DIESES HEUCHLERISCHE, INFAME ERZIEHUNGSSYSTEM VERSAGT SICH NATÜRLICH AUCH NICHT DIE AUSNUTZUNG DER RELIGION UND DER KIRCHE FÜR SEINE ZWECKE.** Die Herausbildung eines hündischen **KADAVERGEHORSAMS** und eines **LANDSKNECHTSÜBERMUTES** gegen die Masse der Zivilbevölkerung ist das erstrebte Ziel, das die Soldaten geeignet machen soll, Streikbrecherdienste zu leisten und bei wirtschaftlichen und politischen Konflikten auf die eigenen Klassengenossen, auf Vater, Mutter und Geschwister zu schießen. »DER MILITARISMUS«, ARTIKEL IM »VORWÄRTS«, SEPTEMBER 1910

★

Der **ANTIMILITARISTISCHE KAMPF IST DIE ZUGESPITZTE FORM DES KLASSENKAMPFES** gegen den Krieg und gegen die innerpolitische Gewaltpolitik des Kapitalismus. Diesen Kampf aber, **DER GEGENÜBER DEM JETZIGEN KRIEG NOCH VÖLLIG VERSAGT HAT,** heißt es von nun an umfassender und tatkräftiger zu gestalten als bisher. »ANTIMILITARISMUS!«, AUGUST 1915

★

Der Herr Abgeordnete Oelze hat gestern gefordert, dass der **MILITARISMUS IN IMMER STÄRKEREM MAẞE** in die höheren Schulen eingeführt werde, dass er gewissermaßen der alles durchdringende Geist des höheren Schulwesens werde, der Militarismus, den er definiert hat **ALS FREIE UNTERWERFUNG UNTER DIE DISZIPLIN.** [...] Wir sind der Ansicht, dass der Militarismus **GENAU DAS GEGENTEIL** von freiwilliger Disziplin ist, dass eben gerade die Gewaltdisziplin das Wesen des Militarismus ausmacht. REDE IM PREUẞISCHEN ABGEORDNETENHAUS ZUM KULTUSETAT, 16. MÄRZ 1916

★

Das Wesen der klassischen Bildung, so wie sie von denen verstanden wurde, die ihre Einführung als **GRUNDLAGE DES BILDUNGSWESENS** in langen Kämpfen durchsetzten, ist nicht das Lernen, das Einpauken von Wissen, von Sprachen, von Kenntnistatsachen, sondern der Geist des Humanismus, der Humanität, der Unabhängigkeit und Selbständigkeit, der Geist der ungehemmten Kritik, die wirkliche Freiheit des Geistes. Meine Herren, das Gegenteil ist es, was Ihr **ERZIEHUNGSIDEAL** bildet: das Ideal der Pickelhaube, des Bajonetts, der Granaten, der Länderverwüstung, der Giftgase und der Bomben ... REDE IM PREUẞISCHEN ABGEORDNETENHAUS ZUM KULTUSETAT, 16. MÄRZ 1916

DER HAUPTFEIND STEHT IM EIGENEN LAND!

Einen Wesenszug des Imperialismus, dessen Hauptträger auf dem europäischen Festland Deutschland ist, bildet das **WIRTSCHAFTLICHE UND POLITISCHE EXPANSIONSSTREBEN,** das immer stärkere politische Spannungen erzeugt. Mächtige Unternehmungen der deutschen Schwerindustrie blicken seit Jahren verlangend nach dem an Bodenschätzen und industriellen Anlagen reichen Belgien und Französisch-Lothringen. [...] Gewaltig ist die Begierde des deutschen Kapitals nach kolonialer Ausdehnung gewachsen, wobei der afrikanische Besitz Englands und Frankreichs im Vordergrund steht. [...] Die **UNTER DEM VORTRITT DEUTSCHLANDS VOLLZOGENE MILITARISTISCHE ENTWICKLUNG EUROPAS,** in der die Mächte einander in zunehmendem Tempo zu überflügeln suchten, hatte einen Grad erreicht, der einer Steigerung nicht mehr fähig schien. Zur Durchsetzung der immer gewaltigeren Rüstungsvorlagen wurde der **VÖLKERHASS** systematisch genährt. [...] Jede Anregung zur Verständigung über eine internationale Rüstungseinschränkung wurde vor allem von dem vorantreibenden deutschen Imperialismus abgelehnt. [Im Vorfeld der Reichstagssitzung vom 2. Dezember 1914 unterbreitete Liebknecht den SPD-Angeordneten seine »Begründung«, gegen die Kriegskredite zu stimmen.] BEGRÜNDUNG EINES MINDERHEITSVOTUMS GEGEN DIE KRIEGSKREDITE, NOVEMBER 1914

★

Die kapitalistischen und militaristischen **KRIEGSINTERESSENTEN** [...] bildeten in Deutschland eine von Jahr zu Jahr mehr hervortretende Kriegspartei unter dem Protektorat des deutschen Kronprinzen, der sie wiederholt in unverhohlener Fronde gegen die offiziellen Vertreter des Deutschen Reichs demonstrativ anfeuerte. Diesen Treibereien [...] wurde in Deutschland Vorschub geleistet **DURCH HALBABSOLUTISTISCHE VERFASSUNGSZUSTÄNDE**, die die Entscheidung über Krieg und Frieden dem Einfluss der breiten Masse entzogen und in der auswärtigen Politik ein **DURCH KEINE KONTROLLE DES VOLKES** begrenztes, um so mehr aber den Einwirkungen der herrschenden Klassen unterworfenes persönliches Regiment ermöglichten. [...] Alle jene Gefahren hat die **SOZIALDEMOKRATIE** seit jeher erkannt, gekennzeichnet und **IN INTERNATIONALER ZUSAMMENARBEIT BEKÄMPFT.** Ihre Bemühungen vermochten den Ausbruch des Krieges nicht zu hindern. BEGRÜNDUNG EINES MINDERHEITSVOTUMS GEGEN DIE KRIEGSKREDITE, NOVEMBER 1914

★

Dieser Krieg ist nicht für die Wohlfahrt des deutschen Volkes entbrannt. Er ist kein deutscher Verteidigungskrieg und kein deutscher Freiheitskrieg, sondern **EIN KAPITALISTISCHER ANGRIFFS- UND EROBERUNGSKRIEG.** Er ist kein Krieg für eine höhere »Kultur«; die größten Staaten gleicher »Kultur« bekämpfen einander, und zwar gerade, weil sie **STAATEN DER GLEICHEN, DAS HEIßT DER KAPITALISTISCHEN »KULTUR«** sind. BEGRÜNDUNG EINES MINDERHEITSVOTUMS GEGEN DIE KRIEGSKREDITE, NOVEMBER 1914

★

Es kann heute, in der Ära der imperialistischen Weltpolitik, die das politische Leben und die Geschicke aller Staaten beherrscht, keine wirklichen nationalen Kriege mehr geben. **JEDER KRIEG IST HEUTE IN SEINEM WESEN EIN IMPERIALISTISCHER KRIEG** im Interesse der kapitalistischen Ausbeutung, der herrschenden Dynastien und der Reaktion. BEGRÜNDUNG EINES MINDERHEITSVOTUMS GEGEN DIE KRIEGSKREDITE, NOVEMBER 1914

★

Dieser Krieg, **DEN KEINES DER BETEILIGTEN VÖLKER SELBST GEWOLLT HAT,** ist nicht für die Wohlfahrt des deutschen oder eines anderen Volkes entbrannt. Es handelt sich um einen imperialistischen Krieg, einen Krieg um die kapitalistische Beherrschung des Weltmarkts, um die politische Beherrschung wichtiger Siedlungsgebiete **FÜR DAS INDUSTRIE- UND BANKKAPITAL.** [Als der Reichstagspräsident die Abgeordneten aufforderte, den Kriegskrediten durch Erheben von den Sitzen zuzustimmen, stand Liebknecht als Einziger nicht auf. Er gab anschließend eine schriftliche Erklärung ab, die nicht in das amtliche Protokoll aufgenommen wurde.] SCHRIFTLICHE ERKLÄRUNG NACH DER ABSTIMMUNG IM REICHSTAG, 2. DEZEMBER 1914

★

Der Krieg ist nicht nur das Ergebnis einer von uns stets bekämpften **POLITIK DES WETTRÜSTENS, DER GEHEIMDIPLOMATIE, NICHT NUR EIN UNMITTELBAR GEGEN DIE ARBEITERBEWEGUNG GERICHTETES BONAPARTISTISCHES UNTERNEHMEN.** Er ist seinem geschichtlichen Wesen nach imperialistisch. Er ist imperialistisch nach seiner Entstehung. Er ist imperialistisch nach seinen Zielen, d. h., er verfolgt kapitalistische Ausdehnungs- und Eroberungszwecke. RESOLUTION AUF DER VERTRAUENSMÄNNERKONFERENZ ZU BERLIN-CHARLOTTENBURG, 20. DEZEMBER 1914

★

DER HAUPTFEIND DES DEUTSCHEN VOLKES STEHT IN DEUTSCHLAND: **DER DEUTSCHE IMPERIALISMUS, DIE DEUTSCHE KRIEGSPARTEI, DIE DEUTSCHE GEHEIMDIPLOMATIE.** DIESEN FEIND IM EIGENEN LANDE GILT'S FÜR DAS DEUTSCHE VOLK ZU

BEKÄMPFEN, ZU BEKÄMPFEN IM POLITISCHEN KAMPF, ZUSAMMENWIRKEND MIT DEM PROLETARIAT DER ANDEREN LÄNDER, DESSEN KAMPF GEGEN SEINE HEIMISCHEN IMPERIALISTEN GEHT.

FLUGBLATT »DER HAUPTFEIND STEHT IM EIGENEN LAND«, MAI 1915

Das Wohlergehen der Völker ist bei der heutigen wirtschaftlichen und sozialen Entwicklung **UNTRENNBAR VERBUNDEN.** [...] Die Aufgabe der Sozialisten ist, einen Frieden ohne Eroberungen, ohne Demütigung irgendeines Landes zu erkämpfen. [...] Die Bewilligung der Kredite ist eine Unterstützung des Krieges, eines imperialistischen Krieges. Sie verstößt **GEGEN DAS WESEN DER SOZIALDEMOKRATIE,** gegen ihr Programm und die Beschlüsse der internationalen Kongresse. RESOLUTION AUF DER VERTRAUENSMÄNNERKONFERENZ ZU BERLIN-CHARLOTTENBURG, 20. DEZEMBER 1914

★

Wir alle [...] sind darüber einig, dass die Masse des Volkes in keinem der beteiligten Länder den Krieg gewollt hat. Und wenn dies wahr ist, so ergibt sich, dass eine durchgeführte **DEMOKRATISCHE KONTROLLE** der auswärtigen Politik in allen Staaten den Krieg verhindert hätte. Daraus folgt die Berechtigung und die Pflicht, gerade jetzt, wo Europa in Blut und Mord und Brand seine Kultur begräbt und die Blüte seiner Menschheit, die Forderung zu erheben nach **DEMOKRATISIERUNG DER AUSWÄRTIGEN POLITIK,** die nur herauswachsen kann **AUS EINER DEMOKRATISCHEN INNEREN POLITIK,** die nur beruhen kann auf dem Boden eines an Haupt und Gliedern demokratischen Staatswesens.

REDE IM PREUẞISCHEN ABGEORDNETENHAUS ZUM ETAT DES MINISTERIUMS DES INNERN, 2. MÄRZ 1915

★

Die **DEUTSCHE SOZIALDEMOKRATIE** hat es, als der Ausbruch des jetzigen Kriegs drohte, an scharfen Artikeln und Manifesten kaum fehlen lassen; möglich, ja wahrscheinlich, dass an Versammlungen und sonstigen Massenkundgebungen mehr hätte geschehen können, doch soll auch hier darüber nicht gerichtet werden. **WAR EIN MASSENSTREIK MIT AUSSICHT AUF ERFOLG DURCHFÜHRBAR?** [...] Das raffinierte diplomatische Spiel, dem es gelungen war, in den entscheidenden Tagen den **ZARISMUS ALS SÜNDENBOCK VORZUSCHIEBEN,** hatte freilich eine so hochgradige Verwirrung der öffentlichen Meinung erzielt; die Trümpfe der staatlichen Machtmittel waren in so gewaltiger Steigerung und Bereitschaft in den Händen der Kriegsmacher; die Aktionsbereitschaft der Arbeiterorganisationen war gerade in diesen Tagen aus verschiedenen Gründen derart gemindert, dass die Aussichten einer großen, über rasch unterdrückte Ansätze hinausgehenden Massenstreikbewegung nicht günstig waren. [...] **EIN SOLCHER MASSENSTREIK WÄRE DIE REVOLUTION GEWESEN,** die von der besten Organisation **NICHT AUS DEM BODEN GESTAMPFT** werden konnte. [...] Kluge Leute meinen, die Kreditverweigerer seien nur Maulhelden; sie hätten sich Unter den Linden hinstellen und das Volk zur Dienstverweigerung aufrufen sollen. Über diesen anarcho-sozialistischen Galimathias, der individuelle Aktionen, lächerliche **DONQUICHOTTERIEN EINZELNER** aus durchsichtigen Gründen als sozialistisch empfiehlt, während **DER SOZIALISMUS NUR MASSENAKTIONEN** kennt, bedarf es keines Worts. (...) Mag also immerhin weder Massenstreik noch Massendienstverweigerung als internationale Aktion durchführbar gewesen sein, hat darum die Sozialdemokratie alles in ihren Kräften Stehende gegen den Krieg getan? HAT DIE SOZIALDEMOKRATIE ALLES GETAN, UM DEN KRIEG ZU VERHINDERN? MANUSKRIPTENTWURF, VERMUTLICH MÄRZ 1915

★

Der Herr Präsident hat gestern bei der **GESAMTABSTIMMUNG ÜBER DEN NACHTRAGSETAT,** das heißt die Kriegskreditvorlage, erklärt, dass, soweit er sehen könne, die Annahme einstimmig erfolgt sei. Ich stelle demgegenüber fest, dass ich bei dieser Abstimmung [...] **SELBSTVERSTÄNDLICH WIEDER GEGEN DIE KRIEGSKREDITVORLAGE GESTIMMT** habe. ERKLÄRUNG IM DEUTSCHEN REICHSTAG, 21. AUGUST 1915

★

Ein klarblickender, in der Geschichte des amtlichen und halbamtlichen Lügen- und Heuchlertums erfahrener, allen offiziellen und offiziösen Verlautbarungen grundsätzlich schroff misstrauender, gegen jede Stimmungsmacherei von oben gefeiter, ja sich gegen sie instinktiv aufbäumender, bis in die innerste Seele **INTERNATIONAL UND KLASSENKÄMPFERISCH GESONNENER SOZIALDEMOKRAT KANN NIE EIN WILLIGES WERKZEUG DES MILITARISMUS** sein, nicht im Frieden oder im Kriege gegen den inneren Feind noch im imperialistischen Kriege gegen den äußeren Feind; nicht in der Armee und nicht außerhalb der Armee. **DAS IST DIE VIELBERUFENE ZERSETZUNG UND ZERMÜRBUNG DES MILITARISTISCHEN GEISTES.** Nichts tun, was die militärische »Moral« in Heer und Zivilbevölkerung fördern kann, heißt das **ERSTE GEBOT FÜR DIE BEKÄMPFUNG DES KRIEGES VOR UND NACH SEINEM AUSBRUCH.** Eiserne Konsequenz in Befolgung dieses höchsten und heiligsten Gebots ist von jedem Sozialdemokraten und von der Politik der Sozialdemokratischen Partei zu fordern.

»ANTIMILITARISMUS!«, AUGUST 1915

★

Ich schreibe dies am Jahrestag des Kriegsausbruchs. **DIE BILANZ DES JAHRES IST:** Tötung, Verstümmelung, Erkrankung, Verseuchung von Millionen der kräftigsten Männer; Ausrottung der Menschenblüte Europas; moralische Rebarbarisierung der Völker; Verwüstung geheiligter Kulturschöpfungen von Generationen; Verschleuderung Hunderter von Milliarden; Dezimierung des von der Vergangenheit gespeicherten gesellschaftlichen Reichtums zu Lasten der Zukunft; Teuerung; Hungersnot; eine Sintflut von Kummer und Tränen; ein endloser Gespensterzug trauernder Mütter und Väter, Witwen und Waisen. **VERHEIßEN WAR ERLÖSUNG GEKNECHTETER NATIONEN** – aber der bluttriefende Mars ist kein Jesus Christus; er hat sie vollends ans Kreuz geschlagen; ihr Jammer hallt über den Erdball, brandet zum Firmament. **VERHEIßEN WAR GLEICHBERECHTIGUNG, FREIHEIT UND GLÜCK** den Lichtlosen, den Leibeigenen, den Zwangsarbeitern des Kapitalismus – aber ihre politischen Fesseln wurden enger geschmiedet; die eisernen Riegel ihrer wirtschaftlichen Abhängigkeit wurden verdoppelt. Das europäische Proletariat ward zum Hiob der Welt. **VERHEIßEN WAR VON HOFFNUNGSVOLLEN TOREN UND WISSENDEN AUGUREN ZERSCHMETTERUNG DES MILITARISMUS** – und der Militarismus wuchs empor über alle Ideale und Mächte, ein dräuendes Verhängnis [...] **APOTHEOSE DES MILITARISMUS! DAS IST DIE BILANZ DER EINEN SEITE, DAS KONTO DER ALTEN KAPITALISTISCHEN WELT.** Und die Bilanz der anderen Seite? Der werdenden neuen Welt? Der Welt des Sozialismus? [...] Wo ist das Wehen jenes Geistes der **SELBSTBESTIMMUNG DER MASSEN**, der selbstentschlossenen Tat- und grenzenlosen Opferbereitschaft für selbstgewählte Ziele, für heilige Ideale, für Klassenkampf, für Völkerbefreiung, für Völkerverbrüderung und Frieden, für die Internationale des Sozialismus? »ANTIMILITARISMUS!«, AUGUST 1915

★

AM ANFANG DER **NEUEN INTERNATIONALE** SOLL DIE TAT STEHEN, DANN IST SIE GEBOREN, GETAUFT UND FERTIG DA; IN DER GEGENWART FEST, FÜR DIE ZUKUNFT SICHER. GELINGT DIE TAT **NICHT**, SO BLEIBT ALLEIN DER

ANDERE, **LANGSAMERE WEG ZU IHRER SCHÖPFUNG**, DER AUF DEN ERSTEN TAGESREISEN DER WEG **ERBARMUNGSLOSESTER KRITIK** SEIN MUSS.

BRIEF AN ROSA LUXEMBURG ZU IHREM ENTWURF DER LEITSÄTZE FÜR DIE GRUPPE INTERNATIONALE, AUGUST 1915

DEUTSCHLANDS ZABERN-ARMEE [bei der sog. Zabern-Affäre kam es im elsässischen Zabern zu Protesten, nachdem ein Leutnant eines dort stationierten preußischen Regiments die Bevölkerung beleidigt hatte. Das Militär reagierte mit Willkürakten, was eine Reichstagsdebatte über die militaristischen Strukturen der deutschen Gesellschaft auslöste und zu einem erheblichen Ansehensverlust des Kaisers und des Militärs führte] zog – so sagt man – unter dem Schutz des Belagerungszustandes aus, **UM DAS RUSSISCHE VIERKLASSENWAHLRECHTSVOLK DURCH DAS DREIKLASSENWAHLRECHTSVOLK ZU ERLÖSEN.** [...] Die Spekulation schlug natürlich fehl. Die kitschige Talmi-Freiheitsgöttin Borussiens **FAND NIRGENDS ANBETER**; nicht einmal in Russland. Und wenn das russische Volk während des Krieges **DIE FAHNE DER REVOLUTION ENTFALTEN** wird, so nicht, um sie den Hindenburg und Mackensen und Hötzendorff auszuliefern, sondern um sie nach Friedrich Engels' Wort **UNTER DEM GESANG DER MARSEILLAISE** wehrhaft gegen sie zu tragen. [...] Jede ernste demokratische Reform jedoch, die dem bedrängten Zarismus abgerungen wird, bedeutet einen Schlag gegen die deutschen Heere. In der eigenen Schlinge gefangen, werden die Bethmänner [Theobald von Bethmann Hollweg, Reichskanzler von 1909 bis 1917] den Erfolgen derselben Bewegung entgegensehen müssen, die sie erst mit hundert Grimassen heraufzubeschwören suchten: Irret euch nicht, die Revolution lässt sich nicht spotten! GLOSSE, AUGUST 1915

★

So erfreulich und wertvoll die **HEUTIGE ABSTIMMUNG** der Zwanzig und die Tatsache der **ABGABE EINER ERKLÄRUNG** im Plenum ist, sie wird – zumal bei dem Inhalt der Erklärung – ihre **BEDEUTUNG ERST DURCH DIE WEITERE POLITIK DIESER GENOSSEN** erhalten. Nur wenn sie durch diese Politik als **KUNDGEBUNG DES ENTSCHLOSSENEN WILLENS ZUR AUFNAHME DES KLASSENKAMPFS,**

ZUR GRUNDSÄTZLICHEN ZERSTÖRUNG DES PARLAMENTARISCHEN BURGFRIEDENS gekennzeichnet wird, wird sie mehr sein als eine »schöne Geste«. Eine konsequente, unerbittliche Opposition im Reichstag, und zwar **GEGEN** den Willen der Fraktionsmehrheit, ist das »Gebot der Stunde«, **DIESER** Stunde. AN DIE NEUNZEHN KREDITVERWEIGERER IM REICHSTAG, 21. DEZEMBER 1915

★

Nach anderthalb Kriegsjahren wuchs am 21. Dezember 1915, bei der fünften Milliardenvorlage, **DAS HÄUFLEIN DER KREDITVERWEIGERER AUF ZWANZIG.** Heißt das Erlösung? Die Situation kann verwirren. Ziehen wir scharfe Linien. [...] Jede Politik, die **DEN GRUNDSÄTZLICHEN INTERNATIONALISMUS** verwirft und ihre Stellung zu Krieg und Burgfrieden nicht nach **DEM GESCHICHTLICHEN WESEN DES KRIEGES, DER REGIERUNGEN UND DER BESTEHENDEN GESELLSCHAFTSORDNUNG** bestimmt, jede Politik, die der Verwirrungsphrase von der Landesverteidigung folgt und die Unterstützung und Bekämpfung der Regierungen und des Krieges von der jeweiligen militärischen Lage oder irgendwelchen Kriegsziel-Kundgebungen abhängig macht, unterscheidet sich von der »Mehrheits«-Politik des Regierungsoffiziösentums sans phrase nur durch geringere Folgerichtigkeit. [...] Heißt der 21. Dezember Erlösung? Nein. Er war bestenfalls **VERHEIßUNG,** eine Verheißung, die nicht erfüllt worden ist. Er konnte sein eine Überschreitung des Rubikon, aber **KEINE SCHLACHT** auf den pharsalischen Gefilden ist ihm gefolgt. Und **KEINE WIRD IHM FOLGEN**, ehe nicht ein Märzsturm des Massenunwillens die Dünste der Opportunitätspolitik zerfegt und das morsche Geäst und Gestrüpp der Halbheit, das die Bahn noch versperrt, erbarmungslos niederbricht. SPARTAKUSBRIEFE, 27. JANUAR 1916

★

DAS **SCHWERT DER JUSTIZ LIEGT IN DEN HÄNDEN DER MILITÄR-GEWALT**, DIE WAAGE DER JUSTIZ HÄLT DIE MILITÄRGEWALT, HINTER DER BINDE DER JUSTIZ **GRINST DER MILITARISMUS**.

REDE IM PREUßISCHEN ABGEORDNETENHAUS ZUM JUSTIZETAT, 3. MÄRZ 1916

Die **SOZIALEN MISSSTÄNDE IM VOLKSSCHULWESEN** treten heute schärfer als je hervor. All das, was man selbst von bürgerlicher Seite als schwere Schäden im Volksschulwesen betrachtete, die Überfüllung der Klassen, die unzureichenden Räume, die unzureichende ärztliche Versorgung, der Lehrermangel, der häufige Wechsel der Lehrer, die Unterernährung der Schüler, die Kinderarbeit und die Übermüdung der Kinder, die es verhindert, dass die Kinder auch nur dem Wenigen, was ihnen in der Volksschule geboten wird, folgen können, **SIND HEUTE IM KRIEGE HOCH GESTEIGERT UND POTENZIEREN DIE TATSACHE DER ERZIEHUNGSUNGLEICHHEIT.** Gewiss, meine Herren, auf dem Hintergrund von Blut und Brand verblasst heute viel Tragik und Verbrechen der kapitalistischen Gesellschaftsordnung. Aber der Krieg wirft seinen grellen, flackernden Feuerschein in die Volksschule, in die Kinderheime. REDE IM PREUßISCHEN ABGEORDNETENHAUS ZUM KULTUSETAT, 16. MÄRZ 1916

★

Die Internationale der Arbeiterjugend **BESTEHT EBENSO WENIG** wie die Internationale der Arbeiterklasse überhaupt **AUS ORGANISATORISCHEN EINRICHTUNGEN UND INSTANZEN,** sondern aus den **IM GLEICHEN SOZIALISTISCHEN GEIST VERBUNDENEN UND WIRKENDEN PROLETARIERN ALLER LÄNDER,** die dem internationalen Klassenkampf treu geblieben sind, die die Verwirrungsphrase von der Landesverteidigungspflicht und die Lüge von der nationalen Klassenharmonie während des Krieges verwerfen und die Pflichten der internationalen Solidarität und des Klassenkampfes allen anderen Pflichten voranstellen. REFERAT AUF DER ILLEGALEN KONFERENZ VON VERTRETERN DER SOZIALISTISCHEN JUGEND DEUTSCHLANDS IN JENA, 23. UND 24. APRIL 1916

★

Die Tendenz der kapitalistischen Gesellschaftsordnung, **DIE AUSBEUTUNG AUCH DES JUGENDLICHEN PROLETARIATS ZU STEIGERN,** hat sich im Weltkrieg gewaltig verschärft. Diese Verschärfung erstreckt sich sowohl auf die unmittelbar wirtschaftliche Ausbeutung im kapitalistischen Betriebe wie auf die militärische Ausbeutung als Kanonenfutter im Krieg und in der Ausbildung dazu. [...] Die Konferenz [...] fordert die Jugendgenossen auf, auch an ihrem Teil dahin zu wirken, dass die Arbeiterorganisationen **DEN PFLICHTVERGESSENEN PARTEI- UND GEWERKSCHAFTSINSTANZEN JEDE UNTERSTÜTZUNG VERSAGEN** und die Mittel sperren, um alle Kraft und alle Mittel den sozialistischen Aufgaben zuzuführen. REFERAT AUF DER ILLEGALEN KONFERENZ VON VERTRETERN DER SOZIALISTISCHEN JUGEND DEUTSCHLANDS IN JENA, 23. UND 24. APRIL 1916

★

DIE JUGENDINTERNATIONALE HAT EIN ERNSTES VERMÄCHTNIS ÜBERNOMMEN [...] Alle Fibern dafür einzusetzen, [...] dass kein neues, mörderisches Attentat des Imperialismus auf Blut und Wohlfahrt der Völker gelingt; **DASS DER MILITARISMUS, WENN ER KÜNFTIG DIE FAUST GEGEN DEN INNEREN FEIND ERHEBT, DIESEN GERÜSTET FINDET** und, wenn er sich von neuem aufreckt, den Stahl auf die Menschheit zu zücken, die Brandfackel in die Welt zu schleudern, in Donner und Blitz zusammenstürzt. **PROLETARIER ALLER LÄNDER – WERDET HEIß, WERDET HART!** Die Vergangenheit war und die Gegenwart ist der Triumph des Völkermordens; die Zukunft muss der Triumph des Völkerfriedens sein. REFERAT AUF DER ILLEGALEN KONFERENZ VON VERTRETERN DER SOZIALISTISCHEN JUGEND DEUTSCHLANDS IN JENA, 23. UND 24. APRIL 1916

DIE FEINDE DES VOLKES RECHNEN MIT DER VERGESSLICHKEIT DER MASSEN – WIR SETZEN DIESER SPEKULATION ENTGEGEN DIE LOSUNG:

ALLES LERNEN, NICHTS VERGESSEN!

FLUGBLATT »DER HAUPTFEIND STEHT IM EIGENEN LAND«, MAI 1915

EIN KAPITEL LANDESVERRAT

Zum zweiten Male steigt der Tag des 1. Mai über dem Blutmeer der Massenmetzelei auf. Zum zweiten Male findet der Weltfeiertag der Arbeit die proletarische Internationale in Trümmer geschlagen, während die Kämpferscharen des völkerbefreienden Sozialismus als widerstandsloses Kanonenfutter des Imperialismus einander abschlachten. [...] **MILLIONEN VON MÄNNERN HABEN BEREITS IHR LEBEN GELASSEN AUF GEHEIß DER BOURGEOISIE.** [...] Nicht genug! Not und Elend, Teuerung und Hungersnot herrschen in Deutschland, in Frankreich, in Russland. Belgien, Polen und Serbien, die von dem Vampir des deutschen Militarismus bis aufs Blut und auf das Mark der Knochen ausgesogen werden, gleichen großen Friedhöfen und Trümmerhaufen. Die ganze Welt, die viel gerühmte europäische Kultur gehen zugrunde **IN DER ENTFESSELTEN ANARCHIE DES WELTKRIEGES.** Und zu wessen Nutz und Frommen, zu welchem Zwecke all diese Schrecken und Bestialitäten? Damit die ostelbischen Junker und die mit ihnen versippten kapitalistischen Profitmacher durch Unterjochung und Ausbeutung neuer Länder ihre Taschen füllen können. [...] **DAMIT DER MILITARISMUS, DIE MONARCHIE, DIE SCHWÄRZESTE REAKTION IN DEUTSCHLAND ZUR NIE DAGEWESENEN MACHT, ZUR UNGETEILTEN HERRSCHAFT EMPORSTEIGEN!** AUS DEM FLUGBLATT ZUM 1. MAI 1916, VERFASST VON KARL LIEBKNECHT

★

Arbeiter, Parteigenossen und ihr Frauen des Volkes! Lasst diesen zweiten Maifeiertag des Weltkrieges nicht vorübergehen, ohne ihn zur Kundgebung des internationalen Sozialismus, zum Protest gegen die imperialistische Metzelei zu gestalten. [...] Fort mit dem ruchlosen Verbrechen des Völkermordes! Nieder mit seinen verantwortlichen Machern, Hetzern und Nutznießern! Unsere Feinde sind nicht das französische, russische oder englische Volk, das sind **DEUTSCHE JUNKER, DEUTSCHE KAPITALISTEN UND IHR GESCHÄFTSFÜHRENDER AUSSCHUSS: DIE DEUTSCHE REGIERUNG!** Auf zum Kampfe gegen **DIESE TODFEINDE JEGLICHER FREIHEIT,** zum Kampfe um alles, was das **WOHL UND DIE ZUKUNFT DER ARBEITERSACHE, DER MENSCHHEIT UND DER KULTUR** bedeutet! Schluss mit dem Kriege! Wir wollen den Frieden! AUS DEM FLUGBLATT ZUM 1. MAI 1916, VERFASST VON KARL LIEBKNECHT

★

Wer **GEGEN DEN KRIEG** ist, erscheint am 1. Mai abends acht Uhr Potsdamer Platz (Berlin). Brot! Freiheit! Frieden! VON LIEBKNECHT VERTEILTER HANDZETTEL ZUM 1. MAI 1916

★

NIEDER mit dem Krieg! **NIEDER** mit der Regierung! NACH DIESEN AUSRUFEN WIRD LIEBKNECHT AUF DER ANTIKRIEGSDEMONSTRATION AUF DEM POTSDAMER PLATZ VERHAFTET

★

Die bei mir vorgefundenen Handzettel und Flugblätter sind mir bekannt. Ich habe diese Zettel und Flugblätter verbreitet, soweit ich dazu Gelegenheit hatte. Ich gebe auch zu, dass die bei mir vorgefundenen 120 Handzettel und 1340 Flugblätter zur Verbreitung bestimmt waren. Über die Herkunft der Handzettel und Flugblätter **VERWEIGERE ICH DIE**

AUSKUNFT. [...] Am Abend des 1. Mai begab ich mich zum Potsdamer Platz, um mich an der Maidemonstration zu beteiligen. Ich traf dort verschiedene Gesinnungsgenossen, **DEREN NAMEN ANZUGEBEN ICH MICH ABER WEIGERE.** Ich gebe zu, am Abend des 1. Mai in der Menge mehrmals »Nieder mit dem Krieg! Nieder mit der Regierung!« gerufen zu haben. Ich wollte damit meine Überzeugung öffentlich bekunden, dass es Pflicht der Regierung wäre, den Krieg zu beenden, und dass es Aufgabe des Volkes ist, einen entsprechenden Druck auf die Regierung auszuüben. Ich bin nicht der Ansicht, dass ich mich durch ein derartiges öffentliches Auftreten strafbar mache. **ICH HALTE DIES VIELMEHR FÜR MEINE PFLICHT** gerade im Interesse der großen Masse des deutschen Volkes wie auch der Bevölkerung sämtlicher anderen kriegführenden Staaten, in denen meine politischen Gesinnungsfreunde in gleichem Sinne tätig sind wie ich in Deutschland. AUS DEM PROTOKOLL DER ERSTEN VERNEHMUNG LIEBKNECHTS AM 2. MAI 1916

★

Ich habe meine Pflicht getan, **WIE ICH SIE UNBEIRRT WEITER TUN WERDE;** ich habe mich nicht zu verteidigen. Die Anklage ist befohlen von Instanzen, die ungeniert noch während meiner Haft meine Immunität verletzt haben, die den Belagerungszustand rechtswidrig aufrechterhalten und von diesem Boden der wirklichen Gesetzlosigkeit aus meine angebliche Gesetzlosigkeit bekämpfen. [...] Ich habe mich nicht zu verteidigen, **ICH BEKENNE MICH SCHLECHTHIN ZUM INTERNATIONALEN SOZIALISMUS,** zu der Politik, die ich Jahre hindurch vor der ganzen Öffentlichkeit geführt habe, zu jedem Buchstaben des Flugblatts, zu den Rufen »Nieder mit der Regierung! Nieder mit dem Krieg!«, [...] zu jedem Wort, das ich in den Parlamenten unter dem Wutgeheul meiner Feinde gesprochen habe. Ich habe mich nicht zu verteidigen. Wenn aber schon von Landesverrat gesprochen werden soll, so möge man sich gesagt sein lassen: **DER LANDESVERRAT WAR SEIT JE EIN PRIVILEGIUM DER HERRSCHENDEN KLASSEN,** der Fürsten und Aristokraten, zu deren vornehmster Geschichtstradition er gehört. Die wirklichen Landesverräter sitzen heute noch nicht auf der Anklagebank, sondern in den Kontoren der Schwerindustrie, der Rüstungsfirmen, der Großbanken, auf den Rittergütern der agrarischen Junker; sie sitzen an der Moltkebrücke, in der Wilhelmstraße und Unter den Linden, in den Minister- und Prinzenpalais, in den Fürstenschlössern und auf den Thronen. **DIE WIRKLICHEN LANDESVERRÄTER, DAS SIND IN DEUTSCHLAND DIE VERANTWORTLICHEN UND UNVERANTWORTLICHEN DER DEUTSCHEN REGIERUNG,** die Bonapartisten des bösen sozialen Gewissens, jene politischen und kapitalistischen Beutejäger und Vabanquespieler, jene Agioteure und Financiers aller Art, die um schnöden Vorteils willen den Krieg unter dem Schutz des Halbabsolutismus und der Geheimdiplomatie so frevelhaft inszeniert haben, wie nur ein Krieg inszeniert wurde [...] Die wirklichen Landesverräter sind die, die auch während des Krieges mit ihren Gesinnungsgenossen in den feindlichen Ländern **IN EINER LEBENDIGEN INTERNATIONALE ZUR BEKÄMPFUNG UND BESUDELUNG JEDER FRIEDENSREGUNG VERBUNDEN** sind, deren Macht gegen mich aus der verwerflichen Kriegsanzettelung und aus der Gesetzlosigkeit der Militärdiktatur stammt und gegen die ich **ALLE MEINE ANGRIFFE HIERMIT ERNEUERE,** die ich im Parlament oder wo immer sonst unter dem Toben der Trabanten des Imperialismus erhoben habe. **DIE ANKLAGE VERTEIDIGT UND BEGÜNSTIGT DIESE WIRKLICHEN LANDESVERRÄTER,** indem sie mich wegen meines Widerstandes gegen sie unschädlich zu machen sucht. ANTWORT AUF DIE ANKLAGESCHRIFT VOM 3. JUNI 1916

★

»ZUCHTHAUS!«, »VERLUST DER EHRENRECHTE!« NUN WOHL! **IHRE EHRE IST NICHT MEINE EHRE!** ABER ICH SAGE IHNEN: KEIN GENERAL TRUG JE EINE UNIFORM MIT SO VIEL EHRE, WIE ICH DEN ZUCHTHAUSKITTEL TRAGEN WERDE. ICH BIN HIER, UM ANZUKLAGEN, NICHT – UM MICH ZU VERTEIDIGEN! **NICHT BURGFRIEDEN, SONDERN BURGKRIEG IST FÜR MICH DIE LOSUNG!**

LIEBKNECHT ZUM ANKLAGEVERTRETER IN DER GERICHTSVERHANDLUNG ZWEITER INSTANZ VOR DEM OBERKRIEGSGERICHT, 23. AUGUST 1916

Zuchthaus-Verkehr ist noch nicht fest regelbar; [Liebknecht wurde wegen versuchten Landesverrats zu vier Jahren und einem Monat Haft verurteilt, die er bis zu seiner Amnestierung im Oktober 1918 im Zuchthaus Luckau ableistete] **DIE BEDINGUNGEN NOCH UNBEKANNT.** Punktieren [in Zeitungen bringt Liebknecht nach einem verabredeten System Bleistiftmarkierungen an]; ev. Kassiber per Speisen oder Wäsche (einnähen, ganz dünnes Papier oder weißer Stoff). Falls wir uns nicht **VORHER** verständigen, muss es per Punktieren geschehen – Speisen wirst Du doch dann und wann schicken können. [...] Überhaupt ganz vorsichtig im Verkehr mit allen nicht genau Bekannten sein. Ich ekle mich vor diesen Lumpen und Lümpchen und dem Sumpfgezücht. **NUR WER ZU HANDELN BEREIT IST, VERDIENT VERTRAUEN;** alle andren stoß von Dir. BRIEF AUS DEM ZUCHTHAUS AN SOPHIE LIEBKNECHT, SEPTEMBER/OKTOBER 1916

★

Nur solche Flaschen **ZUM SCHMUGGELN BRAUCHBAR,** die bis ganz oben gefüllt. Man kann öffnen, auffüllen und wieder schließen. Je **DICKER** und **FESTER** die Milch, um so besser. BRIEF AUS DEM ZUCHTHAUS AN SOPHIE LIEBKNECHT, SEPTEMBER/OKTOBER 1916

★

IHR RAUBT DIE ERDE MIR, DOCH NICHT DEN HIMMEL, / Und ist's ein schmaler Streif nur, eng, / Durch Gittermaschen, zwischen Eisenstäben, / Er macht des Leibes Sinne selbst / **BESCHWINGT VON FREIER SEELE,** freier / Als je ihr wart, die ihr mich hier im Kerker / In Fesseln zu vernichten wähnt. AUS DEM GEDICHT »IM KERKER«, DEZEMBER 1916

★

Lieber Kollege! [Joseph Herzfeld, Reichstagsabgeordneter, 1917 Mitbegründer der USPD] Ich hätte gern Ihr heutiges politisches Gesicht gesehen: Nun habt Ihr ganz ungestört von den Treibereien der Spartakusleute Eure Klingen geschlagen; in der Streikfrage – die die Lebensfrage ist –, in der »Vorwärts«-Frage [unter Ausschaltung der Berliner Wahlvereine war eine neue, sozialchauvinistische Redaktion der SPD-Zeitung eingesetzt worden] im Reichstage. Resultat – Streik verraten [...] und verleugnet, »Vorwärts« verloren und im Dreck, Reichstag – zum Läuse kriegen. Alles nach dem ausposaunten halben Sieg auf der RC.! [Reichskonferenz der SPD im September 1916] Verkriecht Ihr Euch nicht in die Erde?! Ich gratuliere. Aber wenn's nach mir geht, sollt Ihr die Prügel mit 1000 Prozent Aufschlag noch bekommen. Dass ich dazu nicht die nötige Bewegungsfreiheit meiner Fäuste habe, grimmt mich schon grimmig. **MERKEN SIE NICHT, DASS SIE ALLESAMT BIS ZUM SCHOPF IM WIDRIGSTEN SUMPF STECKEN?** Und stündlich noch tiefer sinken? Und ein großes Stück auch die Opposition, die früher auf festem Fuß und Boden stand, mit hineinziehen? **UND EINE UNGEHEURE SCHULD AUF SICH LADEN, MEHR ALS DIE MEHRHEIT, DIE DAS IST, WAS SIE IST?** Und dass es ohne den Massenappell, ohne die Massenaktion, ohne Risiko, zum Teufel, nicht geht? Und dass das »Risiko«, wenn es eine aktionsbereite Masse trifft, nur der göttlichste Kraftquell ist? Und dass heute jeder für sich das Äußerste dafür tun muss, ohne Rücksicht auf sich – nicht aber jeder auf die anderen oder das »Wunder« warten darf? **UND DASS IHR ALLESAMT POLITISCHE BURIDAN-ESEL AN TATKRAFT SEID,** die nie dazu kommen werden, auch nur ein Heubündel zu fressen? Aber welchen Sinn hat mein Gerede. Ihr werdet bleiben, was Ihr bisher gewesen seid; bis Ihr windelweich geprügelt seid und hinter den Massen hinterdrein humpelt. BRIEF AUS DEM ZUCHTHAUS AN JOSEPH HERZFELD, 25. OKTOBER 1916

★

WER NICHT **FÜR DIE REVOLUTION** IST, IST WIDER DIE REVOLUTION! DIE **GANZE REVOLUTION** – DIE EINE UND UNTEILBARE!

NOTIZEN AUS DEM ZUCHTHAUS LUCKAU, 1918

Die Ausbeutung ganzer Staaten und Völker neben der kapitalistischen Klassenausbeutung kennzeichnet den Imperialismus, diesen qualifizierten Kapitalismus. [...] Bei alledem macht es **NUR EINEN FORMALEN UNTERSCHIED**, ob die auszubeutenden Völker Staats- oder »völkerrechtlich« dem Ausbeuterstaat irgendwie angegliedert sind oder nicht, ob sich der Aussaugungs- und Verdauungsvorgang innerhalb eines **FORMAL GESCHLOSSENEN IMPERIALISTISCHEN KOMPLEXES** abspielt oder nicht; ob die Vergewaltigung »friedlich« oder kriegerisch stattfindet; der »friedliche« und der kriegerische Aggregatzustand des Imperialismus sind nicht zu trennen. [...] Das Dilemma zwischen dem Produktions- und Absatzinteresse, die Gefahr, **DIE HENNE ZU SCHLACHTEN, DIE DIE GOLDENEN EIER LEGT**, besagt: Der Imperialismus kann weder mit der wirtschaftlichen Blüte der Konkurrenten noch ohne sie leben; eine Seite des inneren Zwiespalts, des Antagonismus, der zu seinem Wesen gehört. **DIE KAPITALISTISCHE KONKURRENZ IST KONKURRENZ UM DIE PROFITMÖGLICHKEITEN.** Die Haupteigenschaften des Kapitalismus sind die Ausbeutung der Arbeitskraft und die Akkumulation des Kapitals. Aus der Kombination beider folgt zweierlei: die Expansion usw., die Notwendigkeit, dass der kapitalistische Absatzbereich größer sein muss als der kapitalistische Produktionsbereich. NOTIZEN AUS DEM ZUCHTHAUS LUCKAU, 1918

★

VOR MEINEM FENSTER braust u. schreit der Frühlingssturm u. rennt stürmisch durch den Engpass zwischen den Mauern. Warm ist's nicht; gewiss nicht; wenn auch Schnee u. Eis vor diesem wilden Burschen eilig Reißaus nehmen. Märzluft. **SO MAG'S IN DEINEM KÖPFCHEN, DEINEM HERZCHEN AUSSEHEN.** Da heißt's: die Lungen weit aufgespannt – Bewegung u. Entschlossenheit in die Muskeln, die Glieder. Hinaus in den Kampf. In den Kampf draußen u. in den Kampf drinnen, in sich selbst. **NUR KEIN VERDUSELN, KEIN VERSTOCKEN, KEIN STUBENHOCKEN, KEINE MUTLOSIGKEIT.** [...] Der Krieg u. die vielen Mängel der Welt plagen u. bekümmern Dich – jawohl – sie müssen jedes Gemüt umdüstern; aber aus **DER** Nacht gibt's Rettung, nur **EINE** Rettung freilich: **DEN ENTSCHLUSS, DIE BESEITIGUNG DIESER ÜBEL SICH ZUM LEBENSZWECK ZU SETZEN.** Nur **DAS LEBEN** ist unmöglich, **DAS ALLES LAUFEN LASSEN WOLLTE, WIE ES LÄUFT.** Nur das ist möglich, das sich selbst zu opfern bereit ist, zu opfern für die Allgemeinheit. [...] Mein Leben war bisher, trotz allem, **GLÜCKLICH**, gerade in den Zeiten, in denen ich am heißesten zu kämpfen u. zu »leiden« hatte. Und so wird's Dir sein. Das ist **UNSER** Krieg! Verstehst Du? [...] Du sollst nicht über Deine Bedenken hinweghopsen – Du sollst nicht auf meine Worte hören – Du musst alles von Grund aus durcharbeiten, selbst für Dich – durchfechten ... BRIEF AUS DEM ZUCHTHAUS AN DEN SOHN WILHELM, 18. MÄRZ 1917

★

Mein normaler **DREIMONATSBRIEF.** [Liebknecht durfte nur alle 3 Monate an Frau, Kinder und Geschwister schreiben] Alles, was ihr schicktet, war köstlich, u. sei gewiss, es schlägt bei mir gut an; **VERNÜNFTIG LEBE ICH JA WIE KEIN ZWEITER:** Fenster weit offen Tag u. Nacht (auch jetzt noch in der Kühle), Freiübungen (2- bis 3mal täglich folgendes Menü: Die Arme herumgewirbelt je 60mal nach vorn u. nach hinten; Kopfwendungen, je 20 Kopfbeugungen nach vorn – hinten und nach rechts – links; je 10mal Kopfdrehen links- u. rechtsherum; 60mal Schulterrollen mit »Bauchtanz«; 60 Rumpfbeugungen rechts u. links; 60 Rumpfbeugungen mit hoch gestreckten Armen nach vorn; 60 Kniebeugen); 250 oder mehr Auf- u. Abwanderungen in der Zelle – auf u. ab zusammen jedes Mal 16 (kleine) Schritte, 250mal = 4000 Schritt!; dazu kommt, dass meine Arbeit im **STEHEN** verrichtet wird. [Zuschneider in der Schusterwerkstatt] **KURZ, ICH SORGE DAFÜR, DASS MEIN BLUT IN BEWEGUNG BLEIBT, DASS NERVEN U. SEHNEN NICHT EINROSTEN.** [Aber] jeder Zweifel über Euer Wohlbefinden beeinträchtigt mein Befinden weit mehr noch als mangelhafte Ernährung. [...] Wohl bin ich wie ein Zeisig im Käfig, wie ein Fisch im Goldfischglas, wie ein angeketteter Jagdfalke. Der freilich, so wohl er ist, hinaus möchte auf die Jagd, in den Kampf. [...] Im nächsten Monat ist wieder Besuchszeit! 7 Wochen schon seit Deinem letzten Besuch! **WIE ICH MICH FREUE.** [...] Über der Jungen »Keilerei« reg Dich nicht auf [...] Aber freilich: Ich werde Moral predigen, dass die Schwarte knackt. Rosa [Luxemburg] besuche – so oft es geht; u. schreib ihr u. sorgt für ihre Gesundheit ...

BRIEF AUS DEM ZUCHTHAUS AN SOPHIE LIEBKNECHT, 2. SEPTEMBER 1917

★

Einst war des Sozialdemokraten Hoffnung u. Ziel: **DIE NEUGESTALTUNG DER MENSCHHEIT, EINE WELTWENDE.** [...] Einst schrien sie Zeter u. kreuziget! – gegen die Ministerialisten im demokratischen Ausland u. zwangen sie zu Widerruf u. Buße. **HEUTE WASCHEN SIE SICH IN DER HOFFNUNG AUF EINEN FLEDERWISCH PAPIERNER SCHEINREFORMEN** [...] das ganze soz.dem. Programm vom Leibe, von Gesicht u. Händen, ziehen ihre klassenkämpferischen Wasserstiefel aus, werfen sich in Vorahnung ministerialistischer Freuden in Eskarpins u. Wadelstrümpfe u. üben vor dem Spiegel Menuett ... NOTIZEN AUS DEM ZUCHTHAUS LUCKAU, OKTOBER 1917

★

Bisher sind **ALLE MILITÄRISCHEN SCHLÄGE UND ALLE POLITISCHEN SCHURKEREIEN DER DEUTSCHEN REGIERUNG** während des Krieges unter **MITVERANTWORTUNG DER REGIERUNGSSOZIALISTEN** ausgeführt; auch die letzten Schläge gegen das revolutionäre Russland [...], ob sie auch scheinbar für das revolutionäre Russland eintreten; mit ihrer Billigung, selbst wenn sie so ernstlich dagegen auftreten würden, wie sie es nicht tun; mit ihrer Billigung, da sie – trotz allem Gemäkel und Gehäkel und Geweine gegen einzelne Schönheitsfehler und Auswüchse – **IM SCHLUSSRESULTAT DEN KRIEG IN BAUSCH UND BOGEN UNTERSTÜTZEN.** Ein demonstratives Beispiel dafür, welcher Einfluss mit einer solchen **GRUNDSATZLOSEN ULTRAOPPORTUNISTISCH-REFORMISTISCHEN POLITIK** auf Kriegführung und Kriegsziele zu gewinnen ist – nämlich gar keiner. Und in welcher Eigenschaft diese Politikaster jetzt auf dem Kutschbock des Deutschen Reiches sitzen, nämlich nicht als Wagenlenker, sondern als Pferdeknechte und herrschaftliche Diener. NOTIZEN AUS DEM ZUCHTHAUS LUCKAU, NOVEMBER 1917

★

IN KEINEM LANDE NEHMEN DIE BEMÜHUNGEN, **FREIHEITSBESTREBUNGEN** IM FEINDESLANDE AUSZUSCHLACHTEN, SO GROTESKE FORMEN AN WIE IN DEUTSCHLAND, WO DIE GEWALTHABER **VON FREIHEIT SO VIEL VERSTEHEN WIE DER ESEL VOM LAUTENSCHLAGEN**.

NOTIZEN AUS DEM ZUCHTHAUS LUCKAU, 1918

Seit einiger Zeit bin ich in den Stand der **TÜTENKLEBER** getreten; die beschäftigungslose, die köstliche Zeit hat leider nicht lang gewährt. Vorläufig noch Lehrling. Das Pensum beträgt: 1000 pro Tag. Durch Zählen (1–2-3 bei jeder Tüte – bis zu 3000 = Pensum!) suche ich mich zu spornen u. zu unterhalten. [...] **FÜR MEIN STUDIUM BLEIBT JETZT NUR WENIG ÜBRIG:** Von 6 früh bis ¾8 abends bleiben außer der Mittags- u. Abendpause nur ein paar Viertelstunden, in denen auch zu essen und der »Haushalt« zu ordnen ist. Aber die Abende werden länger, ich werde sie **NACH KRÄFTEN AUSNUTZEN** – ich bin so durstig u. möchte das Meer austrinken. BRIEF AUS DEM ZUCHTHAUS AN SOPHIE LIEBKNECHT, 11. MAI 1918

★

Wozu kämpft ihr noch – wozu leidet ihr noch? **WOFÜR DIE OPFER, WOFÜR DIE LEIDEN DER VERGANGENHEIT?** Wozu neue Opfer, wozu neue Leiden – noch 7, ja 30 Jahre lang!? Wozu neue Taten? Neue Heldentaten? Soll der Krieg noch 7, ja 30 Jahre dauern? Macht **IHR** Schluss! Rechnet ab! Nur von euch selbst kann das Heil kommen, **NICHT VON OBEN,** nicht von Hindenburg oder Wilhelm dem Hohenzollern oder irgendeinem Prinzen. **NICHT VON »SIEGEN«, SONDERN VON REVOLUTION!** [...] Bleibt ihr still, geduldig, in Gehorsam u. Disziplin, in Hundedemut, jawohl, dann wird der Krieg noch 7, ja 30 Jahre dauern. Aber ihr, und nur ihr selbst könnt helfen, retten. Euch, eure Kinder, das Proletariat, den Rest von Europas Kultur, die Menschheit retten, retten durch die Revolution. Jagt eure Peiniger zum Teufel – die Fürsten, Generäle, Ausbeuter u. alles, was dazugehört. Wie unsäglich kleiner sind die Opfer, die euch die Abfertigung eurer inneren Feinde, eurer einzigen Feinde, eurer Unterdrücker u. Ausbeuter in Deutschland selbst kosten kann; wie unsäglich kleiner als die Opfer der grauenhaften Metzeleien an der Front, als die Opfer der grinsenden Not im Innern, die noch 7, ja 30 Jahre dauern sollen. **ARBEITER,**

STREIKT! SOLDATEN, SCHIEẞT NICHT MEHR! Die französ., engl., ital., belg., amerik. Soldaten sind eure Brüder. Verbrüdert euch mit ihnen – reicht ihnen die Hände, verbindet euch mit ihnen – **ZUM KAMPF GEGEN KRIEGSHETZER U. AUSBEUTER, ZUR VERNICHTUNG DES VÖLKERMORDENDEN IMPERIALISMUS, ZUR BEFREIUNG DER ARBEITERKLASSE, ZUR ERLÖSUNG DER BLUTENDEN MENSCHHEIT.** [...] Diese flüchtige Skizze natürlich, wie alles, nur Anregung, zu freiester Benutzung. BRIEF AN SOPHIE LIEBKNECHT MIT DER ANWEISUNG, BESTIMMTE PASSAGEN DES BRIEFES »FÜR FREUNDE ETC. MEHRFACH ABZUSCHREIBEN«, 6. JULI 1918

★

Eines tut unseren **FREUNDEN IN RUSSLAND,** tut den Sowjets in der heutigen Lage Not, mehr als alles sonst: sich so schnell wie möglich **HANDFESTE MACHTMITTEL** zu verschaffen, die hinreichen, vor allem, allem andern **DEM DEUTSCHEN IMPERIALISMUS EINE PAROLE ZU BIETEN** – sich seinem Würgegriff zu entziehen, auch der Ukraine, Finnland und den übrigen Randstaaten festen Rückhalt zu gewähren, so die Neukristallisation Russlands auf föderativer Grundlage vorzubereiten; **DIE DAUER DES SOZIALISTISCHEN REGIMES ZU SICHERN UND IHM DIE DURCHFÜHRUNG SEINER SOZIALEN AUFGABEN ZU ERMÖGLICHEN,** damit es als Vorbild und Pionier für das Proletariat der anderen Länder der sozialen Weltrevolution die Bahn bereiten kann, die Bahn, auf der als erstes und schwerstes Hindernis der deutsche Imperialismus liegt. Eins ist den russischen Sowjets not – vor allem, allem andern –, nicht Demonstrationen und Dekorationen, **SONDERN DERBE, HANDFESTE MACHT.** Wozu allerdings außer Energie auch Klugheit und Zeit gehören – Klugheit auch, um Zeit zu gewinnen, deren selbst die höchste und klügste Energie zum Erfolge bedarf. NOTIZEN AUS DEM ZUCHTHAUS LUCKAU, 1918

DER STAATS-FEIND NR.1

DER TAG DER REVOLUTION IST GEKOMMEN. Wir haben den Frieden erzwungen. Der Friede ist in diesem Augenblick geschlossen. Das Alte ist nicht mehr. Die Herrschaft der Hohenzollern, die in diesem Schloss jahrhundertelang gewohnt haben, ist vorüber. **IN DIESER STUNDE PROKLAMIEREN WIR DIE FREIE SOZIALISTISCHE REPUBLIK DEUTSCHLAND.**[…] Durch dieses Tor wird die neue sozialistische Freiheit der Arbeiter und Soldaten einziehen. Wir wollen an der Stelle, wo die Kaiserstandarte wehte, **DIE ROTE FAHNE DER FREIEN REPUBLIK DEUTSCHLAND** hissen! LIEBKNECHT PROKLAMIERT AM 9. NOVEMBER 1918 UM 16 UHR, IM LUSTGARTEN VOR DEM BERLINER STADTSCHLOSS AUF EINEM LASTWAGEN STEHEND, DIE FREIE SOZIALISTISCHE REPUBLIK DEUTSCHLAND

★

DER TAG DER FREIHEIT IST ANGEBROCHEN. Nie wieder wird ein Hohenzoller diesen Platz betreten. Vor 70 Jahren stand hier am selben Ort Friedrich Wilhelm IV. und musste vor dem Zug der auf den Barrikaden Berlins für die Sache der Freiheit Gefallenen, vor den fünfzig blutüberströmten Leichnamen seine Mütze abnehmen. […] Heute steht eine unübersehbare Menge begeisterter Proletarier an demselben Ort, um der neuen Freiheit zu huldigen. Parteigenossen, ich proklamiere die freie sozialistische Republik Deutschland, die alle Stämme umfassen soll, in der es keine Knechte mehr geben wird, in der jeder ehrliche Arbeiter den ehrlichen Lohn seiner Arbeit finden wird. **DIE HERRSCHAFT DES KAPITALISMUS,**

DER EUROPA IN EIN LEICHENFELD VERWANDELT HAT, IST GEBROCHEN. [...] Wenn auch das Alte niedergerissen ist [...], dürfen wir doch nicht glauben, dass unsere Aufgabe getan sei. Wir müssen alle Kräfte anspannen, um die Regierung der Arbeiter und Soldaten aufzubauen und eine neue staatliche Ordnung des Proletariats zu schaffen, **EINE ORDNUNG DES FRIEDENS, DES GLÜCKS UND DER FREIHEIT UNSERER DEUTSCHEN BRÜDER UND UNSERER BRÜDER IN DER GANZEN WELT.** Wir reichen ihnen die Hände und rufen sie zur Vollendung der Weltrevolution auf. [...] Hoch die Freiheit und das Glück und der Frieden! NACH DER ERSTÜRMUNG DES BERLINER STADTSCHLOSSES AM 9. NOVEMBER 1918 RUFT LIEBKNECHT VOM SCHLOSSBALKON AUS ERNEUT DIE FREIE SOZIALISTISCHE REPBULIK AUS

★

1. Deutschland soll eine sozialistische Republik sein./2. **IN DIESER REPUBLIK SOLL DIE GESAMTE EXEKUTIVE, LEGISLATIVE, JURISDIKTIONELLE MACHT AUSSCHLIEẞLICH IN DEN HÄNDEN VON GEWÄHLTEN VERTRAUENSMÄNNERN DER GESAMTEN WERKTÄTIGEN BEVÖLKERUNG UND DER SOLDATEN SEIN.**/ 3. Ausschluss aller bürgerlichen Mitglieder aus der Regierung./ 4. Die Beteiligung der Unabhängigen gilt nur für drei Tage, als ein Provisorium, um eine für den Abschluss des Waffenstillstandes fähige Regierung zu schaffen. [...] [SPD und USPD verhandelten über die Bildung einer »Revolutionsregierung«. Liebknechts Bedingungen, unter denen er bis zur Unterzeichnung des Waffenstillstandes in die Regierung eintreten würde, lehnte der SPD-Vorstand ab. USPD und SPD bildeten unter Vorsitz von Friedrich Ebert eine Regierung, die sich Rat der Volksbeauftragten nannte.] LIEBKNECHTS BEDINGUNGEN ZUM EINTRITT IN DIE REGIERUNG VOM 9. NOVEMBER 1918

★

Die **DEUTSCHE REVOLUTION** ist zwar in der Hauptsache ein Werk der deutschen Soldaten und Arbeiter, ihrem bisherigen Sinn und Ergebnis nach ist sie jedoch **NUR EINE BÜRGERLICH-POLITISCHE REFORMBEWEGUNG** auf Beendigung des jetzigen Weltkrieges und Beseitigung der augenfälligsten politischen Vertreter des Systems, das zum Kriege geführt hat. Dieses kümmerliche Ergebnis kann nur gesichert werden durch die energische **ANWENDUNG DER MACHT DES PROLETARIATS** [...]; einer Macht, die durch die zweideutige Politik einer teils unsicheren und kraftlosen, teils bewusst verräterischen Regierung seit dem 9. November bereits zum großen Teil wieder verlorengegangen ist. »LEITSÄTZE«, 28. NOVEMBER 1918

★

Das klassenbewusste deutsche Proletariat kann sich [...] mit jenem Ergebnis nicht begnügen. Sein Ziel ist kein **FRIEDE DES AUGENBLICKS**, sondern der **DAUERNDE VÖLKERFRIEDE.** Es weiß, dass Kapitalismus und Imperialismus Krieg bedeuten. Es weiß, dass ein von irgendwelchem Imperialismus diktierter oder vereinbarter Macht- oder »Verständigungs«friede nur die Vorbereitung neuer Kriege sein wird; es weiß, dass weder das Gewinsel der Besiegten und die Menschlichkeit oder Gnade eines Wilson [der amerikanische Präsident Woodrow Wilson initiierte die Schaffung einer internationalen Gemeinschaft, die im Januar 1919 auf der Pariser Friedenskonferenz mit der Gründung des Völkerbundes umgesetzt wurde] noch **EIN »VÖLKERBUND« DER HERRSCHENDEN KLASSEN** einen dauernden Frieden schaffen kann, sondern nur der Wille, die Macht und die siegreiche Tat des revolutionären Proletariats aller Länder. »LEITSÄTZE«, 28. NOVEMBER 1918

★

DER IMPERIALISMUS ALLER LÄNDER KENNT KEINE »VERSTÄNDIGUNG«, ER KENNT NUR EIN RECHT: **DEN KAPITALPROFIT**, NUR EINE SPRACHE: **DAS SCHWERT**, NUR EIN MITTEL: **DIE GEWALT**. UND WENN ER JETZT IN ALLEN LÄNDERN [...] VON »VÖLKERBUND«, »ABRÜSTUNG«, »RECHT DER KLEINEN NATIONEN«, »SELBST-

BESTIMMUNG DER VÖLKER« REDET, SO SIND DAS NUR **DIE ÜBLICHEN VERLOGENEN REDENSARTEN DER HERRSCHENDEN**, UM DIE WACHSAMKEIT DES PROLETARIATS EINZUSCHLÄFERN. PROLETARIER ALLER LÄNDER! DIESER KRIEG MUSS DER LETZTE SEIN!

IM NAMEN DES SPARTAKUSBUNDES: KARL LIEBKNECHT, ROSA LUXEMBURG, FRANZ MEHRING, CLARA ZETKIN, AUFRUF IN DER »ROTEN FAHNE«, 25. NOVEMBER 1918

Das Proletariat muss den Kapitalisten **IHRE WIRTSCHAFTLICHE MACHT,** die tiefste und festeste Grundlage der Klassenherrschaft, entreißen, indem es die Arbeitsmittel, Vorräte und alle gesellschaftlichen Reichtümer aus dem Privatbesitz in den Besitz, die Verwaltung und Nutznießung der Gesamtheit überführt; ein Prozess, der zugleich die **AUFHEBUNG DER KAPITALISTISCHEN UND DIE DURCHFÜHRUNG DER SOZIALISTISCHEN WIRTSCHAFTSFORM** darstellt. Hierzu sind die Großbetriebe in Rohstoffgewinnung, Industrie, Handel, Verkehr, Bankwesen, Landwirtschaft ebenso wie die gesamte Rüstungsindustrie sofort reif; während auf dem Gebiete des Mittelstandes in Stadt und Land das vielfach bereits hochentwickelte Genossenschaftswesen einen schnellen, gangbaren Weg weist. [...] Zur **ENDGÜLTIGEN EROBERUNG DER SOZIALEN MACHTSTELLUNGEN** ist eine tief einschneidende soziale Gesetzgebung, eine grundlegende Umgestaltung des Wohnungs-, Gesundheits-, Erziehungs- und Bildungswesens (Einheitsschule) notwendig, um alle menschlichen Kräfte der Gesellschaft zu entfalten und zu beschirmen. »LEITSÄTZE«, 28. NOVEMBER 1918

★

DEM DEUTSCHEN VOLKE werden die Bedingungen seiner Existenz und Wohlfahrt von einer zuverlässigeren, vertrauenswürdigeren Macht gewährleistet werden: von den mit ihnen solidarischen revolutionären Massen der französischen, englischen, italienischen, amerikanischen Arbeiter und von den bereits heute hilfsbereit stehenden russischen Brüdern. Wir fürchten den feindlichen Imperialismus so wenig, wie wir den deutschen Imperialismus fürchteten. **WELTREVOLUTION DES PROLETARIATS** gegen Weltimperialismus ist unser Feldgeschrei; die alle Völker in brüderlicher Gemeinschaft umfassende **SOZIALISTISCHE WELTREPUBLIK** ist unser Ziel. »LEITSÄTZE«, 28. NOVEMBER 1918

★

Genossen, Kameraden, Freunde! Der Tag, an dem der erste Kongress der Arbeiter- und Soldatenräte zusammentritt [16. bis 21. Dezember 1918 in Berlin], ist von historischer Bedeutung. **DIE ERSTE AUFGABE** des Kongresses ist, die **REVOLUTION ZU SCHÜTZEN, DIE GEGENREVOLUTION NIEDERZUWERFEN**: Entwaffnung aller Generale und Offiziere; Aufhebung der bisherigen Kommandogewalt; Gründung einer Roten Garde, um die soziale Revolution durchzuführen. Aushebung des Restes der Gegenrevolutionäre, und dazu gehört auch [...] die Regierung Ebert-Scheidemann. [...] Vorläufig haben wir in Deutschland **KEINE SOZIALISTISCHE, SONDERN EINE KAPITALISTISCHE REPUBLIK.** REDE WÄHREND EINER MASSENDEMONSTRATION VOR DEM PREUßISCHEN ABGEORDNETENHAUS, 16. DEZEMBER 1918

★

Wenn jetzt allenthalben in Deutschland **EIN CHAOTISCHES DURCHEINANDER** herrscht, so trägt die Verantwortung dafür nicht die Revolution, die die Macht der herrschenden Klassen zu beseitigen suchte, sondern diese herrschenden Klassen selbst und der Brand des Krieges, der von den herrschenden Klassen entzündet worden ist. »Ordnung und Ruhe muss herrschen«, so ruft uns die Bourgeoisie zu, und sie meint damit, **DASS DAS PROLETARIAT VOR IHR KAPITULIEREN SOLLE**, um diese Ordnung und Ruhe wiederherzustellen; dass das Proletariat seine Macht in die Hände derjenigen zurückgeben solle, die jetzt **UNTER DER MASKE DER REVOLUTION DIE GEGENREVOLUTION VORBEREITEN.** Gewiss, eine revolutionäre Bewegung lässt sich nicht auf glattem Parkettboden durchführen; es setzt Splitter und Späne in dem Kampfe um eine neue und höhere Ordnung der Gesellschaft und einen dauernden Frieden der Menschheit. REDE AUF EINER VERSAMMLUNG IN DER BERLINER HASENHEIDE, 23. DEZEMBER 1918

★

Solange der Kapitalismus besteht, sind Kriege unvermeidlich. [...] Die Herrschaft des Kapitalismus bedeutet die Ausbeutung des Proletariats; sie bedeutet eine **STÄNDIGE UND UNGEHEMMTE AUSDEHNUNG DES KAPITALISMUS AUF DEM WELTMARKT.** Hier stoßen in scharfem Kontrast die kapitalistischen Mächte der verschiedenen nationalen Gruppen zusammen. Und dieser wirtschaftliche Zusammenstoß führt mit Notwendigkeit zuletzt zu einem Zusammenstoß der politischen und militärischen Waffen – zum Kriege. Man will uns jetzt mit der **IDEE DES VÖLKERBUNDES** zu beruhigen suchen, der einen dauernden Frieden zwischen den verschiedenen Staaten herbeiführen soll. Als Sozialisten sind wir uns völlig klar darüber, dass ein solcher Völkerbund nichts anderes ist als ein **BÜNDNIS DER HERRSCHENDEN KLASSEN DER VERSCHIEDENEN STAATEN UNTEREINANDER** – ein Bündnis, das seinen kapitalistischen Charakter nicht verleugnen kann, gegen das internationale Proletariat gerichtet ist und einen dauernden Frieden nie zu garantieren vermag. REDE AUF EINER VERSAMMLUNG IN DER BERLINER HASENHEIDE, 23. DEZEMBER 1918

★

Nicht zur Gewalt und nicht zum Blutvergießen rufen wir das Proletariat auf; aber wir rufen es auf **ZU REVOLUTIONÄRER TATBEREITSCHAFT** und zur Entfaltung all seiner Energie, auf dass es den **NEUBAU DER WELT IN SEINE HÄNDE NEHME.** Wir rufen die Massen der Soldaten und Proletarier dazu auf, an dem Ausbau der Soldaten- und Arbeiterräte tatkräftig fortzuwirken. Wir rufen sie dazu auf, die herrschenden Klassen zu entwaffnen, sich selbst aber zu bewaffnen zum Schutze der Revolution und zur Sicherung des Sozialismus. Das allein gibt uns die Gewähr für die Erhaltung und für den Ausbau der Revolution **IM SINNE DER UNTERDRÜCKTEN VOLKSKLASSEN.** REDE AUF EINER VERSAMMLUNG IN DER BERLINER HASENHEIDE, 23. DEZEMBER 1918

★

Nur zu wohl wissen wir es, dass die gleichen Verbrecher und Verräter, die im Jahre 1914 das deutsche Proletariat mit der Phrase des Sieges und der Eroberung, mit der Aufforderung zum »Durchhalten« und mit dem niederträchtigen Abschluss des **BURGFRIEDENS ZWISCHEN KAPITAL UND ARBEIT** betrogen, dass diejenigen, die auf solche Art den revolutionären Klassenkampf des Proletariats zu ersticken suchten und jeden Streik als wilden Streik während des Krieges mit Hilfe ihres Organisationsapparates und der Behörden niederknebelten – dass sie die gleichen sind, die jetzt, im Jahre 1918, abermals vom Nationalfrieden sprechen und die die Solidarität aller Parteien zum Zweck des Aufbaues unseres Staates proklamieren. Dieser neuen Einigung von Proletariat und Bourgeoisie, dieser verräterischen Fortsetzung der Lüge von 1914 soll die Nationalversammlung dienen. Das soll ihre wahre Aufgabe sein. Mit ihrer Hilfe soll der revolutionäre Klassenkampf des Proletariats zum zweiten Male erstickt werden. Aber wir erkennen, dass **HINTER DIESER NATIONALVERSAMMLUNG IN WAHRHEIT DER ALTE DEUTSCHE IMPERIALISMUS** steht, der trotz der Niederlage Deutschlands nicht tot ist. Nein, er ist nicht tot; und bleibt er am Leben, so ist das deutsche Proletariat um die Früchte seiner Revolution geprellt. Niemals darf das geschehen. Noch ist das Eisen warm, jetzt müssen wir es schmieden. Jetzt oder nie! Entweder wir gleiten zurück **IN DEN ALTEN SUMPF DER VERGANGENHEIT**, aus dem wir in revolutionärem Anlauf versucht haben, uns zu erheben, oder wir setzen den Kampf fort bis zum Sieg und zur Erlösung, bis zur Erlösung der ganzen Menschheit von dem Fluche der Knechtschaft. Damit wir dieses große Werk, die größte und erhebendste Aufgabe, die der menschlichen Kultur je gestellt worden ist, siegreich vollenden, dazu muss das deutsche Proletariat zur Aufrichtung der Diktatur schreiten. REDE AUF EINER VERSAMMLUNG IN DER BERLINER HASENHEIDE, 23. DEZEMBER 1918

★

UNSER PROGRAMM UND FAKTISCHE GRUNDSÄTZE HABEN WIR LÄNGST ANGEWANDT, WIR HABEN SIE NUR NOCH FORMELL FESTZULEGEN. WIR HABEN UNS NICHT ALS EIN NEUES GESCHAFFEN. **DIE MASSEN WISSEN BEREITS, WAS WIR**

SIND UND WAS WIR WOLLEN. WIR HABEN NUR FÖRMLICH ZU BESTÄTIGEN, WAS WIR LÄNGST SIND, UND UNSER WERK AUF BREITERER GRUNDLAGE FORTZUSETZEN.

REDE AUF DEM GRÜNDUNGSPARTEITAG DER KPD, BERLIN, 30./31. DEZEMBER 1918

Seit der **NOVEMBERREVOLUTION** hat sich die Prinzipienlosigkeit der USPD gesteigert bis zu einem Grade, der uns vor die Entscheidung stellt, wie wir unser künftiges Verhältnis zu ihr einrichten sollen. Es erfolgte der Eintritt ins Kabinett, obwohl schon am 1. November die Mehrheitssozialisten eine klare revolutionäre Politik ablehnten. Zwei Funktionen hatten die Mitglieder der USPD im Scheidemann-Kabinett: Sie waren das Feigenblatt für Ebert-Scheidemann, und sie wurden damit auch **DAS FEIGENBLATT FÜR DIE GEGENREVOLUTION**, deren Kulisse und geheime Helfershelfer. Sie haben den infamen Akten der Regierung durch Duldung Vorschub geleistet oder durch Mittäterschaft den Stempel aufgedrückt. Die Mehrheitspolitik verfolgte von Anbeginn an eine klare Linie: die Wiederbefestigung der kapitalistischen Klassenherrschaft des Privateigentums. REDE AUF DEM GRÜNDUNGSPARTEITAG DER KPD, BERLIN, 30./31. DEZEMBER 1918

★

Der heutige Tag wird hinausrufen, **DASS DIE SOZIALISTISCHE REVOLUTION ENDLICH BEGONNEN HAT,** sie wird wirken auf die Entente, auf alle Völker, über die ganze Welt hin, aber unsere Arbeit ist noch nicht getan, sondern sie beginnt erst. Es heißt für uns, Gewehr bei Fuß stehen, aber auch Gewehr geladen. Es gibt keine Ruhe, es gibt keine Rast, **BIS UNSER ZIEL ERREICHT IST,** bis die Regierung Ebert-Scheidemann der Abscheu der ganzen Welt geworden ist. Es lebe die Weltrevolution, es lebe der internationale völkerbefreiende Sozialismus! REDE WÄHREND EINER MASSENDEMONSTRATION BERLINER ARBEITER IN DER SIEGESALLEE, 6. JANUAR 1919

★

Jawohl! Die revolutionären Arbeiter Berlins wurden geschlagen! Und die Ebert-Scheidemann-Noske haben gesiegt. Sie haben gesiegt, denn die Generalität, die Bürokratie, die Junker von Schlot und Kraut, die Pfaffen und die Geldsäcke und alles, was engbrüstig, beschränkt, rückständig ist, stand bei ihnen. Und siegte für sie mit Kartätschen, Gasbomben und Minenwerfern. **ABER ES GIBT NIEDERLAGEN, DIE SIEGE SIND; UND SIEGE, VERHÄNGNISVOLLER ALS NIEDERLAGEN.** [...] Die Geschlagenen von heute werden die Sieger von morgen sein. [...] Für die lebendigen Urkräfte der sozialen Revolution, deren unaufhaltsames Wachstum das Naturgesetz der Gesellschaftsentwicklung ist, bedeutet Niederlage Aufpeitschung. Und über Niederlage und Niederlage führt ihr Weg zum Siege. Die Sieger aber von heute? Für eine ruchlose Sache verrichteten sie ihre ruchlose Blutarbeit. Für die Mächte der Vergangenheit, für die Todfeinde des Proletariats. Und sie sind schon heute unterlegen! Denn sie sind schon heute **DIE GEFANGENEN DERER, DIE SIE ALS IHRE WERKZEUGE ZU GEBRAUCHEN DACHTEN UND DEREN WERKZEUGE SIE SEIT JE WAREN.** Noch geben sie der Firma den Namen. Aber nur eine kurze Galgenfrist bleibt ihnen ... ARTIKEL »TROTZ ALLEDEM!« IN DER »ROTEN FAHNE«, 15. JANUAR 1919

★

Noch ist der **GOLGATHAWEG DER DEUTSCHEN ARBEITERKLASSE** nicht beendet – aber der Tag der Erlösung naht. Der Tag des Gerichts für die Ebert-Scheidemann-Noske und für die kapitalistischen Machthaber, die sich noch heute hinter ihnen verstecken. Himmelhoch schlagen die Wogen der Ereignisse – wir sind es gewohnt, vom Gipfel in die Tiefe geschleudert zu werden. Aber unser Schiff zieht seinen geraden Kurs fest und stolz dahin bis zum Ziel. Und ob wir dann noch leben werden, wenn es erreicht wird – **LEBEN WIRD UNSER PROGRAMM**; es wird die Welt der erlösten Menschheit beherrschen. Trotz alledem! ARTIKEL »TROTZ ALLEDEM!« IN DER »ROTEN FAHNE«, 15. JANUAR 1919

★

ARBEITER UND SOLDATEN! NUN IST EURE STUNDE GEKOMMEN. NUN SEID IHR NACH LANGEM DULDEN UND STILLEN TAGEN ZUR TAT GESCHRITTEN. ES IST NICHT ZU VIEL GESAGT: IN DIESEN STUNDEN **BLICKT DIE WELT AUF EUCH** UND HALTET IHR DAS **SCHICKSAL DER WELT** IN EUREN HÄNDEN.

FLUGBLATT DER GRUPPE INTERNATIONALE VOM 8./9. NOVEMBER 1918

Im Dezember 1918 wurden in Berlin zahlreiche gegen den Spartakusbund gerichtete Plakate mit der Aufforderung »Schlagt ihre Führer tot! Tötet Liebknecht!« angeschlagen und hunderttausendfach Handzettel gleichen Inhalts verbreitet. Liebknecht und Luxemburg hielten sich nach dem Einmarsch der Truppen Gustav Noskes zunächst in Neukölln verborgen, dann in der Wilmersdorfer Wohnung eines befreundeten USPD-Mitglieds, wo Liebknecht am 14. Januar den Artikel »Trotz alledem!« verfasste. Am frühen Abend des 15. Januar drangen Angehörige der Wilmersdorfer Bürgerwehr in die Wohnung ein, nahmen Liebknecht und Luxemburg fest und lieferten Liebknecht gegen 21.30 Uhr bei ihrer vorgesetzten Dienststelle ab – dem Hauptquartier der Garde-Kavallerie-Schützen-Division im Eden-Hotel in der Kurfürstenstraße. Der Kommandeur der Division, Hauptmann Waldemar Pabst, entschied, Liebknecht und die gegen 22 Uhr eintreffende Luxemburg »erledigen« zu lassen. Er rief in der Reichskanzlei an, um mit Noske das weitere Vorgehen zu besprechen. Noske verlangte eine Rücksprache mit dem Oberbefehlshaber der Reichswehr, was Pabst ausschloss, woraufhin Noske erwiderte: »Dann müssen Sie selbst wissen, was zu tun ist.« Mit der Ermordung Liebknechts beauftragte Pabst eine Gruppe ausgewählter Marineoffiziere, die Liebknecht in den Tiergarten transportierten. Nach einer vorgetäuschten Panne wurde Liebknecht aus dem Auto geführt und von hinten erschossen. Die Täter lieferten den Toten um 23.15 Uhr als »unbekannte Leiche« in einer Rettungswache ein. Eine halbe Stunde später wurde Luxemburg etwa 40 Meter vom Eingang des Eden-Hotels entfernt erschossen. Ihren Leichnam warf man in den Landwehrkanal. In der Presse hieß es tags darauf, Liebknecht sei auf der Flucht erschossen und Luxemburg von einer aufgebrachten Menge getötet worden. Liebknecht wurde am 25. Januar zusammen mit 31 weiteren Toten der Januartage beigesetzt – der symbolische Sarg von Rosa Luexemburg blieb leer, ihre Leiche wurde erst im Mai 1919 gefunden. Der Trauerzug entwickelte sich zu einer Demonstration mehrerer zehntausend Menschen.

MEHR TO GO

ISBN 978-3-355-...

96 Seiten ...-01853-1
E-Book ...-50034-0

96 Seiten ...-01858-6
E-Book ...-50040-1

112 Seiten ...-01842-5
E-Book ...-50029-6

96 Seiten ...-01841-8
E-Book ...-50028-9

96 Seiten **...-01869-2**
E-Book ...-50046-3

112 Seiten **...-01854-8**

96 Seiten **...-01861-6**
E-Book ...-50042-5

96 Seiten **...-01862-3**
E-Book ...-50041-8

96 Seiten **...-01868-5**
E-Book ...-50045-6

96 Seiten **...-01876-0**
E-Book ...-50049-4

96 Seiten **...-01839-5**
E-Book ...-50026-5

96 Seiten **...-01838-8**
E-Book ...-50025-8

96 Seiten **...-01857-9**
E-Book ...-50039-5

TEXTGRUNDLAGE
KARL LIEBKNECHT, GESAMMELTE REDEN UND SCHRIFTEN. (9 BÄNDE)
DIETZ-VERLAG, BERLIN 1958–1968
KARL LIEBKNECHT, STUDIEN ÜBER DIE BEWEGUNGSGESETZE DER GESELLSCHAFTLICHEN ENTWICKLUNG. HRSG. VON OSSIP K. FLECHTHEIM, HOFFMANN UND CAMPE VERLAG, HAMBURG 1974

VERLAG NEUES LEBEN –
EINE MARKE DER EULENSPIEGEL VERLAGSGRUPPE BUCHVERLAGE

ISBN 978-3-355-01875-3

1. AUFLAGE 2018

UMSCHLAG UND KONZEPT: BUCHGUT, BERLIN
DRUCK UND BINDUNG: BUCHDRUCKEREI.DE, BERLIN

WWW.EULENSPIEGEL.COM